MAR - 9 2017

3 1994 01500 5900

SANTA ANA PUBLIC LIBRARY

D1615797

En el mismo barco

Navega con tu pareja
al puerto de la felicidad

MARIO GUERRA

AUTOR DEL BESTSELLER *LOS CLAROSCUROS DEL AMOR*

En el mismo barco

Navega con tu pareja
al puerto de la felicidad

SP 306.7 GUE
Guerra, Mario
En el mismo barco

$14.95
CENTRAL   319940 15005900

En el mismo barco

Primera edición: febrero de 2016

D. R. © 2015, Mario Guerra

D. R. © 2016, derechos de edición mundiales en lengua castellana:
Penguin Random House Grupo Editorial, S. A. de C. V.
Blvd. Miguel de Cervantes Saavedra núm. 301, 1er piso,
colonia Granada, delegación Miguel Hidalgo, C. P. 11520,
México, D. F.

www.megustaleer.com.mx

D. R. © 2015, Penguin Random House / Jesús M. Guedea C., por el diseño de cubierta
D. R. © Oscar Ponce, por la fotografía del autor
D. R. © Thinkstock, por la imagen de portada

Penguin Random House Grupo Editorial apoya la protección del copyright.
El copyright estimula la creatividad, defiende la diversidad en el ámbito de las ideas y el conocimiento, promueve la libre expresión y favorece una cultura viva. Gracias por comprar una edición autorizada de este libro y por respetar las leyes del Derecho de Autor y copyright. Al hacerlo está respaldando a los autores y permitie ndo que PRHGE continúe publicando libros para todos los lectores.

Queda prohibido bajo las sanciones establecidas por las leyes escanear, reproducir total o parcialmente esta obra por cualquier medio o procedimiento así como la distribución de ejemplares mediante alquiler o préstamo público sin previa autorización.
Si necesita fotocopiar o escanear algún fragmento de esta obra diríjase a CemPro (Centro Mexicano de Protección y Fomento de los Derechos de Autor, http://www.cempro.com.mx).

ISBN: 978-607-31-4028-7

Impreso en México – Printed in Mexico

El papel utilizado para la impresión de este libro ha sido fabricado a partir de madera procedente de bosques y plantaciones gestionadas con los más altos estándares ambientales, garantizando una explotación de los recursos sostenible con el medio ambiente y beneficiosa para las personas.

Penguin
Random House
Grupo Editorial

No tengo miedo a las tormentas porque estoy aprendiendo a navegar mi barco.

Louisa May Alcott

Índice

Introducción

Cuando escribí mi primer libro, *Los claroscuros del amor,*
busqué abordar no sólo los temas más comunes que afectan
a las parejas en el curso de una relación romántica, sino
los factores que ayudan a fortalecerla y algunos errores
con el fin del evitarlos. En este segundo libro mi intención
es adentrarme más en el mundo de las parejas que tienen
ya una relación de convivencia cotidiana, casadas o no, y
complementar temas de mi libro anterior.

Y esto porque hoy sabemos, de acuerdo con los estudios realizados por la renombrada antropóloga norteamerica-
na, Helen Fisher, que no es lo mismo la atracción o el romance
de las primeras etapas, que estar con alguien de manera
permanente y por algún tiempo. Pensemos que tras cuatro
años, quizá más, de vivir con una persona, ambos están com-
partiendo no sólo ilusiones, sino realidades tan cotidianas y
prácticas como las labores domésticas, la convivencia con la
familia política, temas de dinero y los hijos, cuando se decide
o se puede tenerlos. Para estas alturas, si no es que sucedió

tiempo atrás, la etapa romántica de su relación se ha transformado en una menos idealizada y más realista. No es que yo diga que el romance desaparezca, por supuesto que no, pero suele pasar que por razones evolutivas la relación de pareja cambia a lo largo del tiempo. Pasa de un inicio llamativo de "fuegos artificiales", a una suavidad de velada romántica, sin prisa, en la que se conversa, se ríe y se es además muy buen amigo de la pareja. Claro, esto último siempre que las cosas vayan bien y es justamente lo que pretendo con este segundo libro. Analizar temas que conciernen a las parejas que llevan algún tiempo juntas y que, muy probablemente, se han topado con ciertos problemas comunes. Persecuciones, resistencias, gritos, pleitos y desacuerdos. Todos intentos de que las cosas vayan bien; buenas intenciones. Aunque quizá no con los métodos más efectivos para la relación; malas estrategias.

Más que un libro de recetas o "tips", deseo que lo vean como un libro de ideas, posibilidades y perspectivas que pueden serles de ayuda. Que encuentren en lo que aquí escribo reflejos de su experiencia personal y busquen un nuevo enfoque para su relación de pareja. En realidad es muy probable que a ninguno de nosotros nos hayan hablado, de niños o adolescentes, acerca de lo que es una relación de pareja, qué función cumple en nuestras vidas y cómo llevarla sana y equilibrada. Del amor romántico todos sabemos, lo hemos experimentado en alguna de sus formas, pero recuerden que ese amor no es el componente principal que conserva una relación. Es importante, claro, pero no es lo único y nos es más útil en las etapas iniciales de cortejo y noviazgo. Sin embargo, debemos atender otros elementos que pueden, junto a ese amor, acercarnos más a una relación duradera y satisfactoria.

En esta ocasión, repito mi habitual recomendación: siempre aconsejo leer este libro en pareja, pero tampoco se trata de imponerlo al otro si ya te dijo que "no le interesa"; o te dice "sí, claro", pero te das cuenta que ni siquiera lo ha abierto. Tómalo tú, mira qué hacer a partir de él, aunque sientas que tu pareja es quien más lo necesita. Siempre hay oportunidades de cambiar, de mejorar algo por pequeño que sea, darte cuenta de que, después de todo, no eres tú quien más ha contribuido a fomentar una relación disfuncional, si fuera el caso. Todo lo que te pueda aportar bases para adoptar mejores decisiones es fundamental para tu vida.

Si alguien me preguntara qué mensaje quiero dejar con este libro, a todas las personas que puedan leerlo, sería: "Recuerda que tu pareja es una persona como tú, pero tiene una personalidad distinta, viene de otra familia (idealmente), tiene prioridades, valores y deseos tan válidos como los tuyos. Y sin embargo es otra persona, parecida a ti y a la vez distinta y eso está bien. Están aquí, uno junto al otro, para conocerse y disfrutarse, no para intentar cambiarse."

CAPÍTULO

1

Todos a bordo

Uno no es la mitad de dos, dos son mitades de uno.

Edward Estlin Cummings

Pues sí, ya están en el mismo barco. Y llegaron aquí porque así lo decidieron, idealmente, o porque dejaron que las cosas pasaran. La cuestión es que ya navegan y me imagino que tienen una idea más o menos clara de dónde están, a dónde van y por qué se embarcaron en este viaje. Es decir, que la brújula les funciona y saben al menos dónde está el norte. Por supuesto, uno quisiera navegar siempre por aguas tranquilas, donde nadie haga muchas olas y todo sea como dejarse llevar al viento. Hay momentos así en una relación, pero también sobrevienen huracanes, aguas turbulentas y una que otra serpiente marina y ahí es donde realmente vemos de qué está hecho nuestro barco. No se trata de ponerlo a prueba, pero sabemos que los temporales son inevitables y no siempre pueden predecirse con certeza.

En general, todo barco se mueve a partir de la energía que cada uno invierta. A veces se pueden desplegar las velas y aprovechar las buenas rachas del viento, pero en otras ocasiones hay que entrarle a los remos y ahí es donde se hace indispensable que vayan ambos en la misma dirección. Si cada uno rema para su lado, el barco sólo dará vueltas sobre su propio eje y no llegarán a ningún lado. No se trata de dejarle el timón al otro y ceder los sueños propios para enfocarse en los del otro. La idea es que tengan un horizonte común; se trata de crear una visión compartida a partir de las necesidades y los deseos de ambos. De navegar hacia un destino donde los dos puedan encontrar los tesoros soñados y compartirlos con la pareja. Evitar lo que hacían algunos piratas: tras enterrar un tesoro, mataban a la tripulación para que nunca revelaran dónde estaba. Como veremos, la tarea no es atesorar, sino disfrutar lo que juntos forjaron, porque la recompensa y sentido de este viaje es totalmente emocional.

Existe un refrán que afirma: "Lo que se disfruta es el viaje", y creo que tiene mucha razón. Si bien es útil llevar un destino y buscar buenos puertos, su viaje no es para trasladarse sólo de un punto "A" a un punto "B". Se trata, sí, de tocar puertos, reabastecerse, disfrutar de los descubrimientos, pero básicamente de navegar en la búsqueda de nuevas aventuras que no hagan de su relación algo ni muy salado ni muy desabrido.

Su equipaje

Vivir en pareja, o al menos en una relación estable y de compromiso, es algo que aprendemos como el caminar: haciéndolo. Me explico, en la vida difícilmente se nos instruye, educa o siquiera se nos habla seriamente del tema de las relaciones de pareja. Usamos más bien la intuición y, si acaso, aprendemos del asunto mediante varias fuentes.

- Lo que observamos en otras parejas; generalmente la relación de nuestros padres o abuelos, o los modelos de relación que vimos en películas, series de televisión y hasta en telenovelas.

- Lo que generosamente nos comparte la familia a través de "sabios consejos" *("todos los hombres son iguales", "a las mujeres no trates de entenderlas"* o *"... ni todo el amor, ni todo el dinero").*

- Lo que nuestra experiencia nos deja desde nuestros primeros noviazgos, donde creemos que vamos construyendo un mapa de cómo son las relaciones, cuando en realidad estamos escribiendo un libro de historias (no pocas veces de terror) de cómo nos ha ido en esas relaciones.

Parte de la cuestión es que, en efecto, la intuición puede sernos muy útil para el amor, pero recordemos que amar (el sentimiento) no es lo mismo que relacionarse (una dinámica social). Para esto último hay que echar mano de distintas habilidades que, dado lo que aprendimos, generalmente no desarrollamos tan bien.

No es casualidad entonces que, si esa fue nuestra "escuela", la manera de relacionarnos con nuestra pareja incluya justamente elementos de estos aprendizajes. Por supuesto, también depositamos en una relación mucho de lo que somos, de nuestra personalidad. Esto en general no debería representar mayor problema porque, si conservamos una relación desde hace algún tiempo, ya nos dimos cuenta de muchas de nuestras "peculiaridades" en hábitos, con-ductas y carácter. Y digo que normalmente no debería ser un problema porque todos tenemos nuestras "rarezas", pero aquí el conflicto surge cuando:

● Queremos cambiar las rarezas de nuestra pareja que nos parecen incorrectas, y reemplazarlas por nuestras propias rarezas, que nos parecen de lo más normales y "adecuadas" para la vida.

◇ Por ejemplo, hay personas que afirman que la puntualidad es de las cosas más importantes en la vida para crearse una buena reputación y por respeto al tiempo de los demás, etcétera. Esto no deja de ser una creencia basada en una convención relativa, como lo es medir el tiempo; pero la persona la vive como una "realidad correcta" y entonces invierte media vida en hacerle entender eso a una pareja que tiene una visión más relajada sobre el mismo tema, por lo que llegar a tiempo o no, no le produce mayor estrés.

● Nuestras propias peculiaridades y rasgos de personalidad, como estados de ánimo, creencias, conductas o hábitos, sean extremos, inestables o muy rígidos.

◇ Se entiende, por ejemplo, que si hay desorden en casa quieras que todo se vea bien. Quizá lo que cuesta entender es por qué tu obsesión por el orden y la limpieza son más importantes que tú misma relación.

Todas esto y muchas cosas más definen a una relación; es el equipaje que cargan justo antes de abordar el barco. O mejor dicho, desde que empiezan a construirlo porque, de hecho, una relación de pareja está siempre en construcción, reconstrucción y mantenimiento; aunque cuando el barco empieza a flotar, cuando deciden vivir juntos, se hacen a la mar en este océano de la vida en pareja.

Por más que hayas navegado en otros barcos, nunca hay dos iguales; unos flotan mejor que otros, incluso los viajes y el clima no son iguales. Así que tus aprendizajes pueden ayudarte o condenarte, especialmente si, en viajes anteriores, naufragaste o te hundiste en una relación disfuncional.

Por supuesto, no omito otros contenidos igualmente importantes del equipaje personal, como familia de origen o hijos de relaciones anteriores, pero de eso hablaremos en los capítulos correspondientes.

¿Flotas o te hundes?

Hay una pregunta recurrente en los talleres que ofrezco, tanto a parejas como a personas solteras: "Mario, todas estas herramientas que nos das están muy bien, ¿pero no se supone que las relaciones de pareja deben ser más naturales, sin tanta estrategia y aprendizaje?" En realidad, la pregunta es muy válida; al final hay mucha gente que vive en pareja y le va bastante bien sin abrir un libro ni pensar si hacen bien o mal las cosas. Por ejemplo, hay personas que aprendieron a nadar desde bebés. Otras, en cambio, se hunden al mero contacto con el agua y, para algunas más, pensar en acercarse a una alberca les da terror. Es evidente que quien aprendió a nadar no necesita que le enseñen (aunque el estilo siempre se puede mejorar de la mano de un buen guía); pero quienes no aprendieron bien o no del todo y andan por la vida dando "patadas de ahogado", requieren estrategia y aprendizaje. Una vez que los consigues ya no necesitas "flotadores"; es decir, andar con el libro bajo el brazo. Lo importante es darse cuenta, siguiendo un poco la metáfora del nado, de que si uno sabe nadar y el otro no, es muy probable que ante una crisis este último acabe haciendo que ambos se ahoguen.

Siempre he sostenido que la mayor parte de los problemas al interior de la pareja no surgen por la relación, tienen que ver con la personalidad y las creencias individuales de cada uno y que se llevan a la relación. Es como traer una bomba en el equipaje y meterla al barco sin darse cuenta. Ante esto, dan ganas de poner un filtro de seguridad y revisar el "equipaje psicológico" de nuestra pareja para ver qué explosivos porta en su cabeza. La verdad, no es mala idea, pero ese trabajo no nos corresponde hacerlo por el otro, cada uno debe hacerse responsable de revisar su "equipaje mental" y ver qué cosas traemos guardadas que no ayudan, es decir, peso muerto. Recordemos además que, sin quererlo, hay terceras personas que pusieron cosas ahí dentro. Ya saben, a veces nuestros padres nos enseñan a empacar de forma "correcta" desde la infancia y no falta que tu mamá incluya algunos objetos peligrosos por aquello de las medusas y serpientes marinas. Sin duda hay otros objetos de experiencias y relaciones pasadas, incluso algunas facturas que te deben y no pocas veces provocan un sentimiento de "no busco quien me la hizo, sino quien me la pague". Terrible error vivir bajo este precepto con una pareja, ¿no lo creen?

Así, vamos a identificar juntos algunas cosas que comúnmente se introducen en la relación y desencadenan conflictos en la pareja que, como he dicho, no surgen a partir de ella, sino de lo que cada uno carga en ese equipaje. Son pensamientos tan comunes como disfuncionales y requieren de mucha conciencia, perseverancia y muchas veces la atención de un buen terapeuta para transformarlos.

**Distorsiones del pensamiento más comunes
que son un problema personal y afectan una relación**

Pensamiento disfuncional	Descripción	Ejemplo
Catastrofismo	Tendencia a hacer las cosas negativas más grandes o a esperar catástrofes sin tener motivos razonables para ello.	*Juan se enojó conmigo porque olvidé comprar lo que me encargó; seguro es el fin de nuestra relación y mañana me abandona.*
Personalización	Adjudicarte la responsabilidad de cualquier problema, conflicto o resultado negativo, aún sin tenerla.	*Lupe me volvió a gritar y me aventó la plancha a la cabeza, pero yo tuve la culpa por andar con mis lloriqueos. Yo la provoqué.*
Pensamiento blanco o negro (todo o nada)	Incapacidad para ver o actuar en términos medios. Para matizar el pensamiento y las acciones. Todo se vuelve polarizado y extremo.	*Cuando te hablo no me haces ningún caso, mejor ya no te vuelvo a contar nada.* *Los niños entraron sin limpiarse los pies, ya arruinaron todo mi quehacer.*
Razonamiento emocional	Tomas tus emociones como pruebas de la verdad	*Estoy muy enojado, lo cual es prueba de que mi pareja ha sido cruel conmigo y me ha tratado mal.*

Interpretación del pensamiento	Crees saber lo que piensan los demás y por qué se comportan como lo hacen.	*Miguel está muy serio. Seguro ya está planeando un pretexto para no ir al cumpleaños de mi mamá, ya lo conozco, pero no se va a salir con la suya, siempre me quiere ver la cara pero verá el escándalo que le armo.*
Filtro mental	Enfocarte en lo negativo y minimizar lo positivo. Filtras y percibes aquello que más te molesta o temes (el pelo en la sopa).	*Me fue pésimo en la presentación de la oficina, una persona que estaba al frente se estaba durmiendo, seguro a nadie le interesó nada.*
Los "debería"	Son creencias y reglas mantenidas rígida e inflexiblemente acerca de cómo debería ser uno y los demás.	*No deberías ponerte así por una bobada, tú tienes que ser fuerte.* *Deberías hacer las cosas bien a la primera o mejor no las hagas.*
Etiquetar	Creas juicios exagerados de ti mismo o de otros a partir de una acción o característica.	*No me compraste las papitas que te encargué, eres un miserable.* *No me salgas conque estás cansada, lo que pasa es que eres bien amargueta, por eso no quieres ir al cine.*
Falacia de justicia	Consideramos que todo lo que no coincida con nuestro modo de ver las cosas es injusto.	*Eres muy injusto conmigo porque yo no hago más que apoyarte y tú ni me lo agradeces.*

Si te identificaste con alguno de estos ejemplos, y además pasa por tu cabeza la pregunta "¿pero qué tiene de malo ser así?", muy probablemente necesitas ayuda para cambiar una o alguna de estas distorsiones del pensamiento con las que te identificas. No son mortales, pero pueden hacer mucho daño a una relación de pareja cuando no las haces conscientes, cuando las llevas al extremo o no las modificas. La tarea entonces es que cada uno se haga responsable de su salud mental y esto no siempre debe ser en pareja. De hecho, con frecuencias, quien más necesita ayuda es quien más se resiste a recibirla. Aun así, revisar el equipaje mental propio suele ser una buena idea, especialmente cuando no respondemos muy bien a las tempestades o hacemos tormentas en un vaso de agua. Pero, aunque creas que tú no eres el problema o te sientas el más "equilibrado" en la relación, busca ayuda si tu pareja no quiere hacerlo. Al menos descubrirás por qué te aferras desesperadamente a un barco que se hunde o quién te inculcó la cultura del sacrificio y para qué la mantienes cuidadosamente como una manera de relacionarte.

Mejor conocer que adivinar

Ya en mi primer libro, *Los claroscuros del amor*, me referí a los 4 pilares de una relación de pareja: Amor (lo que sientes por alguien), Romance (lo que haces a partir de eso que sientes para que el otro lo sepa y te corresponda), Intimidad (lo que compartes de ti con tu pareja, básicamente a partir de conversaciones) y Compromiso (la decisión de quedarte en esta relación porque la consideras valiosa). Cada elemento es muy importante, por supuesto, pero siempre miro el aspecto de la intimidad o el compartir como el gran pegamento para conservar relaciones. El amor es la chispa que enciende, el romance la llama que ilumina, y la intimidad es el combustible que mantiene activo el calorcito de la relación.

Durante el noviazgo uno se conoce en una dimensión romántica; a través del cortejo se busca "agradar al otro" para ser elegido; es una actitud natural común a muchas especies. Pero ya la relación nos abre la puerta a otra dimensión: a la posibilidad de conocer a la persona y su mundo interior tal cual es. Sueños, miedos, expectativas, creencias, valores y personalidad. Cuántas veces no escuchamos la frase "No eras quien yo pensaba", y la mejor respuesta es "¿Pues quién pensabas que era y quién piensas que soy ahora?" Como creemos que esto de navegar por las aguas de las relaciones suele hacerse en piloto automático, muchas veces llevamos meses o años navegando con una persona y creyendo que la conocemos sin preguntar nunca cosas elementales. Todo el "conocimiento" con que nos hacemos a la mar se basa en observaciones que nos llevan a ciertas conclusiones y nos decimos "ya sé cómo es mi pareja", cuando en realidad lo que podríamos afirmar es "ya sé cómo creo que es". Lo que olvidamos, o no sabemos, es que nuestras percepciones e interpretaciones están llenas de elementos que las distorsionan. Juicios, prejuicios, creencias, expectativas, idealizaciones, resentimiento con el pasado, omisiones y generalizaciones. Olvidamos lo que un viejo adagio anónimo afirma: "No vemos la realidad como es, vemos la realidad como somos", y basados en esas creencias interactuamos con nuestra pareja.

Pero me parece que adivinar o confiar en nuestras interpretaciones no siempre resulta útil. Sería mejor remplazar esto por la indagación; al final, el "objetivo de nuestro estudio" convive con nosotros, ¿no? Ahora bien, muchos pensarán, sobre todo tras años de relación, que ya no hay mucho que saber acerca de la pareja o sería raro a estas alturas preguntarle cosas tan obvias como cuál es su color favorito o qué alimento detesta más. Pero la evidencia demuestra lo contrario, siempre hay mucho que descubrir en el horizonte si somos observadores y curiosos. Mientras más información tengamos de la persona con la que vamos en el barco, mejores herramientas y estrategias tendremos para llevarnos mejor.

El problema con las creencias es que unas se corresponden con la realidad y otras no. La cuestión es que, en general, nuestra mente no fue entrenada para cuestionarse muchos de nuestros aprendizajes cotidianos y rápidamente los convertimos en "certezas" que responden más bien a lo que se nos hace lógico o "razonable". Por ejemplo, cuando le enviamos un mensaje de texto a nuestra pareja y esta no responde, pensamos:

"A mi pareja no le importo, por eso no contesta mis mensajes."

Esto es consecuencia del siguiente razonamiento: Cuando le importas a una persona, responde a tus mensajes.

Mi pareja nunca me los responde, entonces…
No le importo a mi pareja.

Suena razonable, ¿no? Pues no. ¿Dónde está el error? Muy probablemente en la creencia inicial: "Cuando le importas a una persona, responde a tus mensajes." A mí me parece que alguien puede responder a tus mensajes sin que le importes y viceversa, ¿no es así?

Quizá a estas alturas pienses "sí, pero yo se lo he dicho mil veces; me choca que no responda los mensajes y le vale". Ni se lo has dicho mil veces y eso de que "le vale" es tú conclusión derivada de tu creencia.

Siguiendo la línea de este ejemplo, yo tendría una pregunta para cada uno de los involucrados:

- ¿Por qué es tan importante para ti que responda todos tus mensajes como para ponerte así e insistir en eso una y otra vez?
- ¿Y tú, por qué no se los respondes, si ya te ha dicho que le es muy importante?

Quizá uno de ustedes debería no darle tanto peso al asunto y el otro dárselo un poco más, ¿me explico? Y en realidad, no es porque deban, sino porque quieren tener una mejor relación y no discutir sobre esto día tras día. Ejemplos hay muchos, pero la estructura es básicamente la misma.

Esto puede ser lo dañino de las creencias mal utilizadas. Alguna puede ser útil cuando careces de la información necesaria para comprobar la realidad, pero nunca debe remplazar a la realidad comprobable. De ser posible, conviene verificar la información.

En vez de pensar:

«¿Por qué no le importo a mi pareja, si yo no hago más que amarla todo el tiempo?»

Un planteamiento más útil sería:

"Esta semana mi pareja dejó de contestar algunos mensajes, ¿por qué estará haciendo eso? ¿Será que no le importo? ¿O habrá otra razón?"

Tan sencillo que sería preguntar, en un tono curioso y amable (no sarcástico, burlón o con tono de adulto regañón) y en un momento relajado (no cuando ya están a punto de ir trabajar o de dormir):

"Oye mi vida, cuando te mando mensajes y no me contestas, ¿es porque no te importo?"

La respuesta más simple (y la más aconsejable) es decir la verdad sin adornos:

a) Sí

b) No

Si la respuesta es "Sí", creo que es hora de tomar decisiones. De ser "No", podrías continuar de la siguiente manera (no es obligatorio hacerlo).

"¿Ah, entonces por qué no me los contestas?"

Aquí la respuesta puede variar, pero también la verdad sería bastante útil para no meterte en más problemas. Pensemos que la verdad, la verdad, te da mucha flojera responder todos y cada uno de los mensajes que tu pareja te manda, especialmente cuando trabajas y te envía uno para preguntarte "¿qué estás haciendo?" No mientas, cuando estás de prisa o de "malitas", por tu cabeza pasa responder: "¡¡Pues trabajando, qué más quieres que haga!!" Pero bueno, pensemos que te da flojera y en vez de eso respondes: "Es que no tuve tiempo." ¡Error! Tu pareja empezará a pensar: "¿A poco no tuvo tiempo tooooodo el día ni para un hola?" ¿Lo ves? Pensemos que le dirás la verdad, pero como no quieres lastimarle omites que te da flojera y la matizas:

"La verdad es que no me gusta estar contestando mensajes."

Pero cuidado, si esto es así, si de verdad te da flojera o no te gusta contestar mensajes, es que no lo haces con nadie y no sólo con tu pareja. Porque esta "verdad" se te puede revertir con un: "¿Y por qué a fulanito sí se los respondes?"

Quizá pienses que sugiero decir simple y llanamente la verdad: "Me dan flojera tus mensajes." Si es la verdad, pues sí. Pero la pregunta sería: ¿Es la verdad? ¿O a veces no estás de humor? ¿O sientes que te satura (así sea con dos), que es una obligación responderlos o hay alguna otra resistencia que no has identificado? Si fuera el caso, bien podrías decir:

"Pues la verdad ahora que me lo dices no lo sé; a lo mejor es que siento como que para ti ya es una obligación que los conteste; como si me estuvieras probando o algo así. Pero lo que sé es que sí me importas y no sabía que cuando no te contesto los mensajes piensas eso, perdón."

A partir de esta respuesta puede abrirse una conversación donde tú aclares que no es tu intención probar y controlar, que sólo lo haces porque le quieres y lo mal que te sientes al no recibir una respuesta de su parte, pero comprendes que a veces no responda. Incluso podrían establecer códigos de comunicación en donde la respuesta a un mensaje generalmente pueda esperar un poco, pero que nunca quede uno sin responder o en caso de urgencia será mejor hacer una llamada directa. ¿Soy claro con esto?

Su mapa personal

Todos traemos a bordo de la relación un mapa y algunos instructivos, lo sepamos o no (generalmente no). Una idea trazada de a dónde queremos llegar en este barco, qué ruta es la mejor, cómo distribuirse las tareas, cómo divertirnos, de qué vamos a vivir y qué hacer en caso de tormenta. Pienso que cada uno tiene ideas y estrategias muy valiosas que aportar, pero deben conocerse los mapas e instructivos del otro.

Hay parejas que conversan mucho antes de empezar una vida juntos. Acerca del dinero, los futuros hijos, los fines de semana, las familias y las tareas domésticas. Otras, en cambio, "conocen muy bien" su propio mapa, pero nunca lo muestran al otro y se lo dan a conocer sobre la marcha. Esto genera tensiones al adivinar y comprender qué está haciendo cada uno.

Para esto son fundamentales los espacios de confianza en la relación. Es decir, donde puedan conversar y conocerse libres de crítica ("estás mal"), de juicios ("pues a mí eso me parece una tontería") y de hostilidad ("pues entonces hazlo como se te dé la gana, nomás luego no vengas a chillar"). Un espacio donde realmente expongan libremente sus ideas, modos de pensar, proyectos comunes, incluso reclamos. Lamentablemente, muchas veces no tocamos ciertos temas por "llevar la fiesta en paz" o para "no hacer olas". Esto es un error. Si los temas tanto de planeación como de reparación de su relación no son abordados, seguramente su barco se deteriorará con el paso del tiempo. Es como cuando no vamos al médico para que no nos diga que tenemos algo malo. Es absurdo, ¿no lo creen?

Veamos y escuchemos a nuestra pareja con curiosidad, tratando realmente de entender su punto de vista y necesidades. Preguntando, opinando y proponiendo. Ninguno quedará satisfecho al 100%, pero eso pasa hasta con los amigos o en el trabajo, ¿no es verdad? Los humanos hemos aprendido a adaptarnos para sobrevivir.

Leer las estrellas

Otra tarea vital para sobrevivir en las aguas del amor es leer las señales que nuestra pareja envía. No todo se dice hablando; de hecho, mucho se transmite a través del cuerpo, los gestos, el tono de voz, incluso la manera de redactar un mensaje de texto. Esto sucede porque las emociones y los sentimientos son fundamentales en nuestra vida y nuestra comunicación. No todo es razonado, mucho es más bien sentido. Incluso miles de veces no encontramos palabras para manifestar la magnitud de un sentimiento, pero eso no quiere decir que no esté en nuestro interior como respuesta a algo. Tristeza, miedo, enojo, disgusto y alegría son emociones básicas de nuestras reacciones y estados de ánimo. Gran parte de las relaciones de pareja entran en conflicto porque alguno de los dos no se siente comprendido, especialmente donde las emociones entran en juego. "Ya no llores", "no es para tanto", "mira cómo te pones", son algunas frases que utilizamos para lidiar con lo que no comprendemos. No identificamos lo que pasa o no sabemos cómo actuar ante ello, entonces controlamos o limitamos la expresión emocional de nuestra pareja con terribles resultados, por supuesto.

Necesitamos no sólo identificar qué emoción o sentimiento expresa nuestra pareja, sino además empatizar y validar esa emoción. Entonces nuestra intervención puede cambiar:

❌	✅
"Ya no llores."	"Entiendo que te sientas triste por lo que te pasó." "Veo tristeza en tus ojos, si es así, me gustaría saber qué te pasa."
"No es para tanto."	"Por la forma en que reaccionas, imagino que esto es muy duro para ti." "Comprendo que te sientas así, no es para menos."
"Mira cómo te pones."	"Entiendo que sientas molestia, no fue mi intención hablarte de esa manera."

Una adecuada conexión emocional con nuestra pareja es una herramienta muy útil en tiempos de buen clima y también durante las tempestades.

Por supuesto, esto también opera en doble sentido. No sólo uno debe procurar identificar, comprender y validar las emociones del otro; además, quien experimenta una emoción debe clarificar con palabras lo que está sucediendo. Veamos tres modelos de conversación al respecto.

Nadie coopera

— ¿Ay y ahora qué tienes?

— Nada.

— ¿Cómo nada?, traes una carita de amargada.

— Pues es la de siempre, si no te gusta ni modo.

— Pues no es la de siempre, ya dime qué tienes.

— Ya te dije que nada y déjame en paz, idiota.

— Estás bien loca, vete al diablo.

Sólo uno coopera

— ¿Mi vida, te pasa algo?

— Nada.

— Es que veo en tu cara como que estás enojada.

— Pues es la de siempre, si no te gusta ni modo.

— Me parece evidente que algo te pasa, me gustaría saber qué es y si puedo ayudarte o yo tengo que ver con tu estado de ánimo.

— Ya te dije que nada y déjame en paz.

— Está bien, te dejo en tu espacio, sólo quiero que sepas que me importa lo que te pase y me preocupa verte así. Voy a estar en la sala leyendo, por si quieres hablar.

Ambos cooperan

— ¿Mi vida, te pasa algo?

— Sí, me siento muy enojada.

— ¿Qué te pasó? ¿Me quieres contar por qué estás tan enojada?

— En realidad el asunto es contigo, quedaste de llamarme a las 12 para recordarme que tenía que hacer la reserva del hotel, y no lo hiciste; además, cuando llegaste no me dijiste nada al respecto. Eso me hace pensar que no te importa lo que te pido ni nuestras vacaciones.

— Perdóname, tienes razón, la verdad me distraje y olvidé marcarte como quedamos. Por supuesto que me importa lo que me pides y lo que hagamos juntos.

> Ahora comprendo por qué estás tan enojada, no es para menos con lo que pasó y con lo que pensaste; te pido nuevamente una disculpa.
> — Está bien, es que me sentí entre triste y enojada. Entiendo que no fue tu intención. Voy a llamar para hacer la reservación.
> — Gracias. Perdón nuevamente. Mientras puedo ir checando los vuelos.

Aquí podemos ver la importancia de las emociones y de manifestarlas, también con palabras, para clarificar un malentendido o hacer un reclamo. Recuerden que lo que no se dice se actúa y al final ocasiona el mismo efecto o uno peor cuando ambos se dejan arrastrar por las emociones sin control.

Ya sé que el ejemplo donde ambos cooperan es "más largo", pero nos ayuda a clarificar y evitar un conflicto. Me llama mucho la atención que después de mi primer libro, especialmente cuando ponía ejemplos parecidos, mucha gente me comentó: "Mario, están muy padres tus ejemplos de cómo conversar correctamente, pera en la vida real nadie habla así." Y justo respondía yo que ese era el problema, no hablamos así y en cambio lo hacemos de modo que se incrementan los problemas. Finalmente son dos estilos y si el primero lo aprendimos, el segundo puede desarrollarse, ¿no es verdad? Es cuestión de práctica, perseverancia y buena voluntad.

Cuando hablemos de las inevitables tormentas, les daré más herramientas para trabajar con las emociones.

¿Qué vimos en este capítulo?

- Todos cargamos un equipaje al entrar en una relación de pareja. La idea es que nada de lo incluido en esas maletas emocionales dañe a la pareja o a la relación.

- No todos los problemas surgen de la relación de pareja. Muchos derivan del carácter, conducta o personalidad de uno o ambos. Es responsabilidad de cada uno atender su salud mental para no hundir su barco.

- Adivinar o interpretar según nuestras experiencias ayuda, pero debe acompañarse de la indagación. Cuando sientan que su pareja padece un desequilibrio emocional, lo mejor es indagar y clarificar pensamientos y emociones.

- En una relación de pareja sana conviene tener espacios para expresar libremente ideas, opiniones, pensamientos y hasta reclamos. Un barco se hunde si cerramos los ojos al agua que entra.

Ejercicios sugeridos

Un primer mapa de su relación

Copie y responda cada uno las siguientes preguntas. Traten de que su respuesta sea extensa y específica.

1. Para mí el amor es:

2. La finalidad de una relación de pareja es:

3. Las 3 cosas o elementos más importantes en una relación son:

4. Mi definición de confianza en una relación es:

5. Califica cómo sientes tu relación de acuerdo con la siguiente escala:

   1. Peor no puede estar

   2. Mal

   3. Regular

   4. Bien

   5. Inmejorable

Al finalizar comparen sus respuestas; piensen que ninguno tiene razón y ninguno está equivocado con ninguna respuesta, lo que se busca es mejorar su conocimiento acerca del mundo interior de cada uno. No se conformen con la respuesta de su pareja, busquen abrir conversaciones a partir de sus respuestas para clarificar o indagar más.

Nuestro mapa emocional

Ahora trabajemos con nuestras 5 emociones básicas, buscando identificarlas en nuestra pareja. Estas preguntas ya no son sobre ti, sino acerca de tu pareja o su relación. Respóndanlas de manera individual pensando en el otro. Pueden anotar sólo las respuestas en una hoja. Elaboren una emoción por día o todos los cuestionamientos una sola vez.

- Enojo
    1. Lo que más enoja a mi pareja de lo que hago o digo es:
    2. Lo que más le molesta a mi pareja de sí mismo/a es:
    3. Lo que más enoja a mi pareja acerca de lo que pasa en la vida o el mundo es:
    4. Cuando mi pareja se enoja, se tranquiliza más rápido si yo:
    5. Lo peor que puedo hacer cuando mi pareja está enojada es:
- Tristeza
    1. El episodio más triste en la vida de mi pareja fue cuando:
    2. La tristeza más significativa hasta ahora compartida es:
    3. Algo que pone a mi pareja triste es:
    4. Cuando mi pareja está triste, lo que necesita es que yo:
    5. Cuando mi pareja está triste, principalmente lo noto en:
- Disgusto
    1. Algo que hago y le choca a mi pareja es:
    2. El alimento que mi pareja no soporta es:
    3. Qué cosa dentro de la casa, el auto o el entorno en general le produce disgusto a mi pareja:
    4. Si mi pareja tuviera un rayo desintegrador, lo primero que desaparecería de la faz de la tierra es:
    5. Que color, sonido u olor le produce gran disgusto a mi pareja:

- Miedo
  1. Las 3 cosas que más teme mi pareja son:
  2. Si hubiera algo de lo que yo hago que le produjera miedo a mi pareja, probablemente sería:
  3. La peor pesadilla que recuerda mi pareja y me ha contado es:
  4. La enfermedad a la que más teme mi pareja es:
  5. Cuando mi pareja siente miedo, lo noto principalmente en:
- Alegría
  1. El momento más feliz de mi pareja antes de conocerme fue:
  2. El momento más feliz para mi pareja y que compartimos fue:
  3. Lo que más haría feliz a mi pareja en nuestra relación sería:
  4. Cuando yo hago esto, mi pareja se pone feliz:
  5. Mi pareja está feliz cuando:

Ahora intercambien sus hojas. Cada uno califique lo acertado o no de lo que su pareja respondió. No se trata de calificar sólo como un examen; no lo es. La idea es ver si cada uno identifica, en el otro, estados emocionales de manera correcta o conoce la historia emocional de su pareja.

Después de calificar, comenten juntos las respuestas acertadas y clarifiquen las que no. Esto también sirve para conocerse más, así que diviértanse con el ejercicio.

CAPÍTULO

2

El poder del placer: dinero y sexo

El dinero y el sexo son fuerzas demasiado
rebeldes para nuestra razón.
Logan Pearsall Smith

Las relaciones humanas, y las de pareja no son excepción, se mueven en el reino de la razón, pero montadas sobre el lomo de las emociones. Los efectos de elementos materiales, como el dinero, van mucho más allá de lo que éste compra. El sexo, por su parte, es algo tan efímero como un acto de unos minutos, pero muy duradero por lo que representa, no sólo para la reproducción, sino para la seducción y la misma identidad de la persona.

El poder y el placer nos llevan de la mano por caminos que no habríamos imaginado sino hasta conocerlos de cerca. Uno natural, el otro creado por el ser humano. Ambos nos ofrecen cosas que deseamos, medios para adquirir lo que anhelamos y también una puerta para compartir lo que tenemos con la persona con la que decidimos pasar tiempo de nuestra vida. Elementos muy profundos sin duda alguna.

Veamos un poco de ambos y su enorme importancia en la estabilidad de las relaciones de pareja.

El dinero

Si en tu relación es común y natural hablar del dinero y si al hacerlo no discuten, pelean o ya ni tocan el tema, felicidades. Seguramente te costará trabajo entender cómo muchas parejas hacen de esto todo un problema; de hecho, un tema central sobre el que no sólo se discute, sino que afecta la composición familiar y la calidad de las relaciones.

En una relación de pareja el dinero suele ser tema delicado, hablen de ello o no. Incluso diversos estudios lo clasifican como la primera causa de disputas maritales y otros entre las primeras seis. Los modelos de pareja donde uno trabajaba y otro cuidaba del hogar ya no es el común denominador en nuestra sociedad. Hoy ambos miembros trabajan e, idealmente, los dos aportan parte o la totalidad de su ingreso al gasto familiar, por lo que los dos quieren influir en este tema. Como dije, hay parejas que no tienen problema con esto; que hablaron antes de vivir juntos acerca de cómo y cuánto aportaría cada uno y sumaron sus ingresos para multiplicar el bienestar familiar en un acuerdo armonioso; parejas donde hay una sola cuenta bancaria común y otras donde cada uno tiene la suya además de la familiar. También hay parejas que hacen del tema económico un tabú y en la imaginación asocian el dinero con algo "sucio" que no debería intervenir en su amor o les parece un tema tan complicado que prefieren no hablar de él y resolver las cosas sobre la marcha. Hay incluso quien oculta ingresos o ahorros a su pareja, lo cual nos indica desconfianza, pero también la necesidad y seguridad que les ofrece el dinero.

En este caso, como en muchos otros, los extremos no ayudan; es decir, por un lado hacer del dinero un objeto de culto familiar o personal, y por el otro, evitar el tema como si hablar de él causara cáncer. Curiosamente, cuando se les pregunta, muchas parejas suelen decir que el dinero no es realmente un problema familiar. Se especula que esta respuesta se debe a que de plano no se toca el tema de manera profunda, o bien, como los problemas de dinero deterioran lentamente la relación, pocas veces se les asocia directamente con la causa de una ruptura o divorcio.

Nuestra relación con el dinero

En una parte de nuestra sociedad se asocia al rico con alguien malo y ruin, y al pobre con alguien bondadoso y genuino. Otros creen que el dinero les dará estatus y posición social, mientras otros más piensan que cambia a las personas para mal. Tenemos como gran ejemplo aquellas películas de Ismael Rodríguez con Pedro Infante que se estrenaron allá por 1948: *Nosotros los pobres* y *Ustedes los ricos*. Si bien las cosas han cambiado, en el imaginario nacional hay creencias muy arraigadas en torno a estos temas. Pero más específicamente, quizá la mala fama del binomio dinero/amor viene de la mano de las circunstancias en que tocamos el tema. Si no es porque se gana poco, es porque se gasta mucho; la cuestión es que ambas situaciones provocan discusiones y tarde o temprano crisis que amenazan la estabilidad y tranquilidad de una pareja, no sólo en el presente, sino también en el futuro.

Desde niños se nos aísla del tema y sólo nos enteramos con frases como "el dinero no se da en los árboles", "yo no voy a pagar colegiaturas para que me traigas estas calificaciones" o "cuando te mantengas solo haz lo que te dé la gana, pero mientras vivas en esta casa y yo pague las cuentas te alineas". Creencias familiares que nos hacen pensar en el dinero como la causa de todos los males o una puerta hacia la liberación. La cuestión es que de niños y jóvenes poco se nos habla de finanzas, de distribución del gasto y del ahorro de manera seria. Guardar dinero en un cochinito es lo más cerca que estaremos de algo así en la infancia, pero si se nos hablara de inflación, tipo de cambio y otros elementos de cultura financiera, nos daríamos cuenta de que ni el cochinito, ni guardar dinero bajo el colchón son buenas decisiones. Es como ser educados en una cultura de la escasez: "Guarda para los tiempos de vacas flacas, porque seguro te llegan."

Crecemos luego alrededor de otras creencias: "El que paga manda", "con dinero baila el perro" y "cuando el dinero sale por la puerta, el amor salta por la ventana". Hay quien lo usa para expiar culpas y otros para cobrarse cuentas emocionales. No pocas veces he escuchado en terapia a personas que compensan una infidelidad con una "camioneta nueva" o quienes se valen de viejas deudas emocionales para gastar, no por placer, sino para "castigar" al otro o encontrar una "compensación". Incluso hay quien permanece en una relación por ambición o temor a perder el dinero. Sin embargo, algunos se marchan porque, aun teniendo a su disposición dinero y ciertas comodidades, ya no desean vender su felicidad y sus años de vida a ningún precio.

Al final cada quien habla de la feria según le va en ella y el dinero tiene el significado que cada uno le otorga desde sus aprendizajes, puntos de vista y necesidades. Por supuesto, tiene un valor económico, pero además una dimensión simbólica muy importante al representar satisfacción, poder y, sobre todo, seguridad.

¿Quién gana el dinero?

Cualquiera de los dos, o ambos, aportan ingresos para la relación y la familia. Pero como al dinero también se le asocia con el poder, existen también mitos, si no es que temores, de que la mujer gane más que el hombre. ¿Por qué? Porque tradicionalmente ha sido el hombre la figura que provee, como veremos más adelante. Aunque pensemos que es cosa del pasado, en realidad aún hay mucho por cambiar respecto a esto.

Decía que existen mitos y temores respecto a que una mujer ingrese más dinero al fondo familiar. ¿Pero qué tan reales son? Un estudio exhaustivo aún muy comentado lo realizó la doctora Verónica Jaris Tichenor, que se publicó en 1999, en *Journal of Marriage and Family*. En él se concluye que si la mujer tiene ingresos superiores a los de su pareja esto no debe ocasionar problemas en la relación. En términos generales, la mujer no tiende a ejercer mayor poder en la relación al ganar más, a diferencia del hombre que sí lo hace, usando el dinero a veces como un arma para presionar. Pero esto sucede si así empezó la relación; es decir, si desde el principio ella ganó más. Cuando esto deriva de un acenso de la mujer o de un descalabro laboral o financiero del hombre, la cosa puede cambiar. Surgen en él muchos sentimientos de amargura, vergüenza y hasta envidia hacia la pareja. Competitividad pura, pues. ¿Por qué? Un poco más adelante veremos los efectos de la socialización de género y del dinero para entender esto.

¿Quién debe administrar el dinero?

Existen muchos acuerdos acerca del manejo del dinero en las parejas. En este caso no tanto sobre el ingreso, que sabemos también es importante, sino en la manera de gastarlo. Todos entendemos una mala racha de bajas ventas o pérdida temporal del empleo, pero cuesta mucho aceptar que alguien gaste en cosas "superficiales" cuando las cosas no marchan. Si bien tanto el tacaño como el derrochador dañan la relación, quien derrocha realmente desequilibra la economía familiar.

Pero volvamos a la administración del dinero. A veces un miembro de la pareja cede el control o administración de los gastos a otro más hábil o menos "ocupado" y sólo toman en conjunto las decisiones importantes (inversiones, hipotecas, préstamos, etcétera). Pero aun con acuerdos explícitos en este sentido, ocurre un fenómeno muy interesante que nos reportan algunos estudios: mientras más decisiones unilaterales en cómo gastar el dinero se dan en una pareja, la satisfacción en la vida familiar va a la baja. Parece que tomar decisiones conjuntas a la hora de gastar o invertir es una buena idea dentro de una relación. Quizá uno sea más ordenado o las cuentas se le den más fácilmente, pero más allá de la aritmética o las habilidades financieras, reitero, las decisiones tomadas entre ambos son la mejor opción.

La socialización de género y del dinero

¿Ustedes creerían que hombres y mujeres tenemos diferentes maneras de relacionarnos con el dinero? La respuesta es sí. Evidentemente no como un tema propiamente evolutivo, sino como uno de carácter social y, por supuesto, económico. La cuestión es que hombres y mujeres nos relacionamos con el dinero de distinta manera. O al menos así lo afirma el estudio realizado por la doctora Joan D. Atwood, publicado en 2012 en *The American Journal of Family Therapy*. En él se establecen claras diferencias en cómo hombres y mujeres establecemos vínculos con el dinero.

Dinero y género

♂	♀
Socializados para ganar dinero y ser proveedores.	Ganar el dinero es una elección personal y es más visto como una recompensa que como una obligación.
Su capacidad para ganar dinero es vista como la mayor fuente de afirmación de su éxito en la vida y reivindica su existencia.	El dinero no representa una manera de demostrar sus capacidades personales o reafirmar su identidad, por lo que no suelen ser tan competitivas en ganarlo. La vida no se les va en ello.

Se especula que esta socialización y relación con el dinero es la principal causa de un pobre desarrollo emocional.	El dinero es una parte de la vida, pero no es el centro de ella. Puede ser un refugio que brinde cierta seguridad emocional, pero nada más.
Para muchos hombres, la importancia que le atribuyen a la competencia financiera y al éxito, hace que el estrés sea un factor determinante en cómo perciben su relación de pareja, incluso en cómo interactúan con su esposa.	Suele ser más importante la estabilidad familiar que el dinero, por lo cual no tienden a sacrificar lo primero por lo segundo. Son más abiertas en expresar sus inquietudes y preocupaciones acerca del dinero con sus parejas.

El estudio reconoce que hay hombres y mujeres que se relacionan con el dinero de maneras distintas a las aquí descritas, pero aun así, éstas son las conductas socialmente más comunes que encontraremos.

Lo que me resulta muy importante señalar es la necesidad de hablar acerca del dinero dentro de su relación. No sólo de dónde viene y para dónde va, sino lo que representa para cada uno. Recuerden que es parte de conocer el mapa del otro y fortalecer su relación. No pretendamos, en este como en otros temas, que nuestra pareja tenga la misma visión o valoración que nosotros; pero no reflexionar sobre ello traerá problemas a la relación.

¿Por qué pelean las parejas acerca del dinero?

No todo es cuestión de poder. Cuando hay deudas o los recursos económicos son escasos, aumentan los conflictos; una vez más pueden ser problemas que padece la pareja, pero su raíz está en la persona. Por ejemplo, con una infancia complicada, una persona puede traducir esto como la necesidad de ganar o tener dinero para compensar carencias del pasado, sanar una autoestima dañada o recibir reconocimiento y validación externa. Otros se rehúsan a compartir el dinero con su pareja por la misma razón, especialmente cuando uno de los padres derrochaba los recursos, mientras el otro se lo reprochaba. Incluso algunas teorías afirman que una pareja tacaña con el dinero, lo es también con sus emociones. La cuestión es que una persona puede sentirse no apoyada, no querida o que no tiene la confianza de su pareja, cuando ésta escatima en lo económico. Aun así, la "sabiduría popular" se ha empeñado en transmitir el mensaje: "A la pareja ni todo el amor, ni todo el dinero."

El doctor John Gottman, profesor emérito en psicología por la Universidad de Washington, y uno de los psicoterapeutas más influyentes en temas de relaciones de pareja del último cuarto de siglo, nos ofrece una perspectiva distinta del dinero que quizá nos ayude a comprender el porqué de su importancia para cada miembro de la pareja. Él sostiene que "el dinero no sólo compra placer, sino también seguridad". Visto de esta manera, piensa que cuando tú y tu pareja discuten acerca del dinero, sea por ganarlo o gastarlo, realmente buscan o defienden su seguridad.

Comunicación costosa

Pero más allá de los factores personales, un estudio realizado por la doctora Sonya L. Britt y colaboradores, de la Universidad Estatal de Kansas, publicado en 2010 en *Journal of Financial Therapy*, nos muestra otros puntos más relacionados con la comunicación interpersonal e influencias externas.

Es frecuente que cada miembro de la pareja tenga creencias muy personales acerca de cómo y en qué conviene más gastar o invertir el dinero. Eso generalmente se aprende en la familia, sea por imitación o evitación. Por ejemplo, si en mi familia derrochaban y se daban buena vida, tenderé a lo mismo, pero si no les fue tan bien con eso, seguramente seré un poco tacaño para no pasar penurias. Las parejas que no se ponen de acuerdo en cómo distribuir el gasto familiar, invierten mucho tiempo y energía en discusiones frecuentes e interminables, quedando con pocas ganas de disfrutar juntos ese dinero. A eso le llaman los investigadores "Comunicación costosa"; es decir, inviertes mucho y no obtienes tanto. Veamos un ejemplo:

— Oye ya me enteré que le volviste a dar dinero a tu hermana.

— No es cierto.

— No te hagas, tu hermana llamó y te dejó recado que te diera las gracias; ¿en qué habíamos quedado?

— Ay bueno ya, es un préstamo, a su marido le ha ido mal.

— Pues sí, pero cuando yo te pido algo para mí o para las niñas, ahí sí te pones de cuentachiles. Además, tú eres mi marido, no el de ella y ésta es tú familia y la de ella no es la tuya. O ya si quieres, mejor adóptalos.

— ¿Bueno, por qué tanto escándalo, pues qué les falta a ustedes? Todo lo que me piden lo tienen; además, es de mi dinero, a ustedes no les estoy quitando nada.

— Tu dinero no, chiquito, es dinero de la familia; peso que das por otro lado, peso que le quitas a tu familia. Además, ya habíamos quedado que esas cosas las íbamos a acordar juntos.

— Las cosas importantes sí, pero esto es un préstamo, ya te dije; seguro en la quincena me lo devuelve.

— No te hagas, no es la primera vez que le haces esos "préstamos" a tu hermana y nunca vuelven. Lo que pasa es que ya te tomaron la medida y ahora eres su minita de oro. Fíjate, ni cuando mi mamá necesitó te pedí algo para la operación, para no desbalancearnos.

— Pues hiciste mal, porque es tu familia y uno tiene obligación de ayudar.

— Pues a ver si aplicas lo que predicas; siempre andas regalando el dinero de TU familia; nada más te gusta hacer caravana con sombrero ajeno.

— Ningún sombrero ajeno, ya te dije que es MI dinero.

— Y yo ya te dije que ese dinero es de la familia; así lo acordamos, todo lo que ganamos ambos es para la familia. Entiéndelo, tienes 3 hijas y las cosas no están como para andarlo regalando.

De algún modo cada uno cree tener la razón. Y si no lo cree, al menos defiende su postura, porque en realidad lo que está en juego, como ya lo mencioné, es la seguridad y hasta la libertad; dos valores muy altos y determinantes en la vida de las personas. Este tipo de comunicación resulta muy desgastante no sólo para cada uno, sino para la relación en sí misma. Incluso las parejas quedan "atrapadas" en este patrón de comunicación disfuncional y estéril.

Constantes discusiones alrededor del dinero no sólo restan tiempo y energía, dejan poca disposición para disfrutar en pareja y deterioran la confianza en la relación. Como la pareja del ejemplo anterior me mencionaba; una se sentía traicionada, el otro asfixiado y ambos muy agotados y hartos de discutir sobre lo mismo una y otra vez. Así no quedan ganas de invertirle a la relación, especialmente si otros factores influyen en el binomio dinero/familia.

Otros factores en las discusiones

Parecen poco influyentes en los conflictos familiares relacionados con las finanzas, pero el estudio citado establece que hay otros factores y son los que más comúnmente influyen en las parejas con el estilo de comunicación que acabamos de ver. Estos elementos son:

- Que la mujer gane menos dinero que el hombre.
  ◇ El hombre entonces ejerce su rol de género como proveedor/ tomador de decisiones sin consultar a la mujer.
- Que haya hijos en la familia.
  ◇ Como los hijos representan un gasto (como inversión es complicado verlos, a no ser que esperes una retribución más bien emocional por algunos años), consumen recursos e influyen sobre los recursos familiares disponibles, lo cual genera estrés.
- Que la mujer desee influir en las decisiones sobre cómo administrar el dinero, argumentado que ella también aporta.
  ◇ Como ya vimos, la socialización de género puede ser también un problema.
- Que la mujer sea más joven que el hombre.
  ◇ En este caso, el hombre asume el rol de guía y protector, pretendiendo tomar las decisiones "por el bien de todos". No

acepta que lo corrijan o cuestionen en qué o cómo distribuye el dinero (este es el caso de la pareja del ejemplo).

El tesoro enterrado

Otra conducta muy destructiva, porque además acaba con la confianza, es la costumbre de hacer «guardaditos» personales o mantener ahorros o ingresos «secretos» a espaldas de la pareja. Esto se interpreta no sólo como deslealtad, sino como amenaza para la seguridad personal. Entiendo que cada uno quiera tener cierta independencia económica; es por eso que antes recomendé que, de ser posible y bajo acuerdo, no aporten el 100% de sus ingresos al gasto familiar. Es como hacer su «guardadito» con el conocimiento del otro. Ya sé que no es tan «divertido» porque es como irse de pinta de la escuela con el permiso de los papás, pero al menos resulta más seguro para mantener la confianza entre ambos.

¿Qué hacer?

La idea es hablar con la verdad, generar confianza entre ambos y salir de la trampa de las costosas discusiones. Se requiere madurez, flexibilidad y reconocer que lo aprendido de nuestros padres y de la vida en torno a las finanzas no es la única manera y quizá tampoco la más eficiente. Es más, aun cuando seas graduado en finanzas por Harvard no pretendas tener la razón siempre, porque no estamos hablando sólo de dinero, sino también de necesidades básicas muy fuertes y hasta de emociones inevitablemente involucradas.

La manera de distribuir el gasto depende mucho de un arreglo. Hay personas que pretenden que su pareja se haga cargo del 50% de los gastos de la vida familiar. Esto sería funcional si ambos tuvieran el mismo ingreso y acordaran hacerlo así; lamentablemente no sucede ni lo uno ni lo otro. Entonces, quizá un método más equitativo sea aportar cada uno el mismo porcentaje de sus ingresos al gasto familiar.

Por otra parte, salvo que sea estrictamente necesario, reitero que sería interesante no aportar la totalidad de lo que ganan a un fondo común, sino guardar algún porcentaje para sí mismos y emplearlo en cosas personales, hacer un ahorro o aportarlo, si lo desean, para una buena cena romántica o gastos extra en las vacaciones. Claro, siempre que eso no ponga en riesgo la economía y la estabilidad familiar y lo hagan de común acuerdo. No pocas veces dicen que yo afirmé que hicieran tal o cual cosa, pero lo conveniente es acomodar cada quien lo que sugiero a su voluntad. Sobre todo en el tema del dinero, el acuerdo común y explícito es el mejor camino.

Pero más allá de cualquier recomendación, las decisiones alrededor del dinero son algo muy personal que ambos deben tomar según sus necesidades, pensando en el bien individual y familiar. Lo importante es que lo hablen y aprendan a conocer el punto de vista y las necesidades de cada uno y a partir de ahí llegar a un acuerdo funcional, sin ataques, defensas o callejones sin salida. Por supuesto, los acuerdos deben cumplirse como un compromiso y no sólo decir que están de acuerdo para salir del paso y luego alguno haga su regalada gana, como en el ejemplo anterior.

Por cierto, si son una pareja que recién empieza y leen este libro, hablen cuanto antes del tema del dinero. Al final del capítulo les daré una guía para abrir una conversación, así sean pareja nueva o de mucho tiempo.

El sexo

Este tema puede ser intenso en las relaciones de pareja. Para quienes les va como desean en este aspecto, no conciben que algo tan natural, espontáneo y placentero sea problema. La verdad es que la sexualidad es para disfrutarse. Así como el dinero o los niños no son en sí problemas, con el sexo es más bien la discordancia en una pareja lo que ocasiona desacuerdos. Por ejemplo, no todos los encuentros sexuales son igual de intensos; a veces se hace "por cumplir" y en otras la noche se ilumina: el deseo no tiene un nivel constante y debemos comprenderlo.

¿Qué tan bien se conocen?

Si bien diversos estudios señalan que los hombres piensan más en sexo que las mujeres, y que el deseo sexual masculino se enciende con más facilidad que el femenino, estos datos duros nos ayudan a entender fenómenos más colectivos que temas individuales. Por ejemplo, si decimos que el hombre suele estar más dispuesto a iniciar un contacto sexual, ¿cómo se siente un hombre para quien el sexo no es prioridad? ¿Obligado, fallido, extraño? ¿Cómo lo ve su pareja si espera que con un botón se prenda y no lo hace? Por otro lado está el caso femenino. Si consideramos que el deseo de la mujer no es tan fácil de provocar, ¿cómo se siente o es vista una mujer que se excite con facilidad y rapidez? ¿Anormal, ninfómana, lujuriosa? Por eso conviene individualizar a la pareja y buscar un punto de equilibrio entre las necesidades y el deseo de ambos. Por ejemplo, responde estas preguntas y luego hazlas a tu pareja. Compara las respuestas y veamos qué tan discordantes o no son en esta área:

1. En una escala del 1 al 10, ¿qué tan importante es para ti el sexo en la relación?
2. ¿Con qué frecuencia tienen relaciones sexuales? Por ejemplo, ¿cuántas veces al mes?
3. ¿Cada cuándo te gustaría tenerlas a ti? ¿Y cuántas crees que a tu pareja?
4. ¿Cuál es tu posición favorita para el sexo? ¿Y la de tu pareja?
5. Si eligieras una de dos posibilidades, ¿cuál sería?
   a. Encuentros sexuales espontáneos e intensos en cualquier lugar.
   b. Encuentros sexuales planificados, suaves y románticos.
6. Me excito mucho cuando mi pareja… Y creo que mi pareja se excita más cuando yo…

Obviamente no hay respuestas correctas o incorrectas. Este breve ejercicio les permitirá, como dije, contrastar respuestas y conocer un poco de los deseos y expectativas de cada uno.

El tabú del sexo

El sexo como tabú social o personal parecería desterrado y quizá en efecto ya lo está a nivel colectivo. Pero para muchas parejas aún es complicado abordarlo abiertamente, en especial cuando hay problemas o diferencias en ello. Los encuentros sexuales de la pareja suelen empezar por el contacto físico, sin hablar mucho de ello, y eso está bien. ¿Pero cómo tocamos el tema cuándo las cosas no marchan así? No pocas veces se deja crecer el problema por no encontrar la manera, el momento o las palabras adecuadas. Si no hablamos de sexo cuando vamos en aguas tranquilas, será muy difícil hacerlo en medio de la tormenta o cuando lleguemos a los polos y quedemos atrapados en el hielo de una relación sin sexo.

Todo es normal
hasta que se vuelve un problema

Los expertos no se ponen de acuerdo sobre cuál es la frecuencia normal de contactos sexuales en una pareja a lo largo de un año. Hay estudios que arrojan cifras que van desde los 68 encuentros (poco más de una vez por semana), otros están en 58, incluso los hay de 111 veces por año. Sabemos también, según otros estudios, que las personas casadas tienen 6.9 veces más encuentros sexuales al año que los solteros. ¿Será?

Pero bueno, una vez más aquí las cifras ayudan o condenan. Por ejemplo, si estás arriba del promedio igual te sientes afortunado o afortunada, pero habrá que revisar las respuestas de tu pareja en el breve cuestionario anterior para saber si está bien para ella. Por otra parte, si salen abajo del promedio igual hasta clasifican para lo que se conoce como "matrimonio sin sexo". Éste se define como la relación matrimonial donde se tienen 10 o menos encuentros sexuales al año (menos de 1 por mes). Pero como ya mencioné, mucho o poco sexo no será un problema si ambos están en la misma sintonía. Igual pasa con la intensidad del encuentro, el estilo y las variantes en su vida sexual. Prácticamente todo se vale (siempre que no sea ilegal) mientras lo hagan de común acuerdo y ambos queden satisfechos. Entonces no piensen tanto en normalidades colectivas y vivan la suya como ustedes decidan.

Cerrando la brecha

¿Qué hacer si uno quiere más y el otro menos? Es decir, cuando se presenta la discordancia sexual en frecuencia, intensidad o estilo. Es complicado mientras más polarizados estén y más distantes en cuanto a ceder o negociar.

Los problemas graves surgen cuando cada uno no obtiene lo que necesita. Se crea una brecha entre lo mínimo necesario y necesitan cerrarla. Por ejemplo, pensemos en frecuencia (que no lo es todo, por supuesto). ¿Cuál es la frecuencia mínima, aceptable e ideal para cada uno?

Tu pareja	Veces por semana	Tú
Demasiado	10	🔥
	9	
	8	
	7	
	6	
Ideal	5	
	4	
Aceptable	3	Demasiado
Mínimo	2	Ideal
	1	Aceptable
	0	Mínimo

En este ejemplo tú estás en tu ideal, cuando tu pareja estaría en el mínimo. Es evidente que tu pareja sobrevivirá así, pero una relación es para florecer, así que tenderá a buscar más y tú ya casi llegaste a tu tope. Habrá problemas. Veamos otro ejemplo más radical.

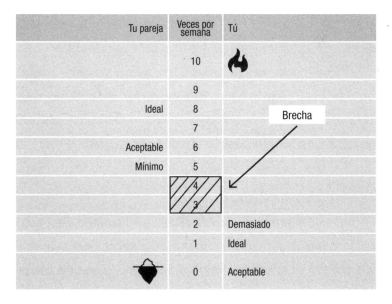

Tu pareja	Veces por semana	Tú
	10	🔥
	9	
Ideal	8	
	7	Brecha
Aceptable	6	
Mínimo	5	
	4	
	3	
	2	Demasiado
	1	Ideal
	0	Aceptable

Aquí ya hay más problemas. Si para ti dos veces por semana es demasiado, y para tu pareja 5 lo mínimo esperado, la brecha fracturará el casco de su barco y la insatisfacción y la frustración pueden inundar su relación. Pero, ¿quién cierra la brecha? Aunque cada quien ajuste un día la frecuencia para acercarse al otro, no será suficiente. Tendrían que ajustarla mínimo dos cada uno para guardar otra vez la proporción "Mínimo-ideal" del ejemplo anterior, pero eso sólo hará un arreglo temporal. ¿Entonces?

Pues se adaptan a una relación de pareja sin sexo o asumen que tendrán una relación de sexo "imperfecto". Acérquense al punto más cercano de convergencia y quédense ahí unas semanas. Vean cómo se sienten y hablen de los obstáculos para progresar. No es lo mismo no tener ganas, que tenerlas y sentir que no se puede o no se debe, ¿me explico? Hay muchas cosas que pudieron pasar en la historia de vida que condicionen respuestas sexuales inusuales o hasta aspectos hormonales o químicos que ocasionen que a uno se le imposibilite acercarse lo suficiente para cerrar la brecha. Si es el caso, buscar ayuda profesional será la mejor idea.

Es evidente que quien más quiere sentirá más la necesidad, pero el que quiere menos, la presión. No se trata de crear incomodidad, pero sí de salir de la zona de necesidad sexual para escuchar un poco qué pasa en el mundo de la pareja.

"Pero antes estábamos bien"

Es habitual que al inicio de la relación, o cuando las aguas están tranquilas, muchas cosas fluyan sobre olas suaves y el sexo sea muy satisfactorio para ambos. Luego se cae en la monotonía, se crean resentimientos, la vida se hace más compleja, aunque tenemos las mismas horas del día y la misma energía (o hasta menos). Es natural que la intensidad y frecuencia de los encuentros sexuales se alteren de modo intermitente o permanente de manera gradual, en tanto no se haga algo al respecto. Es como en las finanzas: "Rendimientos pasados no garantizan rendimientos futuros." Debemos reconocer esto como una realidad, aunque no con resignación, sino como un fenómeno al que hay que adaptarnos lo más cerca posible el uno del otro.

Una vez más meter el tema bajo la alfombra no es una solución real. Si experimentan un descenso súbito en la calidad de su vida sexual, pregúntense qué pasa en ese momento de su vida. Crisis económicas, cargas de trabajo, la llegada de un hijo, problemas sin resolver, algún secreto que ocultas o temes revelar, enfermedad o muerte de un ser querido, una fecha significativa (como el aniversario de la muerte de alguien querido), la pérdida del trabajo y otras fuentes de estrés menos obvias. Muchos de estos problemas no presentan signos ni síntomas hasta después de un tiempo, cuando cuesta trabajo asociarlos con los que suceden hoy. Hacer una revisión de lo que pasa alrededor ayuda a identificar la causa.

El fantasma del rechazo

Otro aspecto delicado en la sexualidad de la pareja son los sentimientos de rechazo. Muchas veces no es precisamente la intención rechazar al otro, pero algunas conductas se interpretan así, recordemos que reaccionamos más a lo que nos decimos que a lo que en realidad sucede. Algunas conductas o actitudes comunes que provocan sentimiento de rechazo son:

- Constantes evasivas para tener relaciones sexuales.
  ◊ "Ahorita no", "me duele la cabeza", "ya es tarde", "¿ay tan temprano?", "mañana hay que trabajar", "oye, estamos de vacaciones y vinimos a descansar."
- Cero iniciativas por parte de uno de los dos.
  ◊ Provocando en la pareja dudas acerca de la atracción física que despierta en su pareja.
    "Seguro le doy asco", "no le excito", "¿por qué he de ser siempre yo quien inicie?"
- Ser exageradamente quisquilloso al momento del encuentro.
  ◊ No hay nada como un buen encuentro sexual que fluye desde la libertad, espontaneidad y placer mutuo. Pero cuesta mucho trabajo alcanzar ese estado cuando uno de los dos parece el director de la orquesta del sexo:
    "No, así no… más despacito… espérame tantito… Ay pesas… deja me acomodo… esta almohada está muy alta… ouch, duele… ándale así… más rápido… no seas brusco… no me veas allí… ¿ya acabaste?"
  ◊ No digo que se deba aguantar cualquier salvajada, pero si "donde toco desafino", pues se me va la inspiración.

Cuando quien no desea tanta frecuencia es asediado por el que quiere más, muchas veces pone un sutil (o no tan sutil) límite a los embates amorosos de la pareja.

El rechazo puede ser visto como "abandono". Si somos objetos, podemos ser rechazados o abandonados. Pero al ser sujetos, uno siempre decide qué hacer a partir de las acciones del otro, ¿no es así? Uno puede quedarse ahí a llorar, marcharse o buscar soluciones. Tú pareja no puede rechazarte, simplemente elige en un momento determinado algo distinto. Si sus elecciones no apuntan hacia ti, quizá llegó el momento de hacérselo notar o preguntarle qué pasa. A partir de su respuesta toma decisiones.

¿Qué vimos en este capítulo?

- El dinero representa mucho más de lo que creemos. Es fuente no sólo de satisfacción, también símbolo de seguridad. Los conflictos surgen generalmente por la manera en que el dinero se gasta o lo poco que alguno aporta.

- Las parejas que discuten mucho tiempo sobre cuestiones económicas dedican mucho menos tiempo para disfrutar su relación.

- Hablar de sexualidad entre la pareja no siempre resulta sencillo, pero adivinar las necesidades o grado de satisfacción de nuestra pareja es aún más complicado.

- Comunicar las necesidades sexuales sin culpa y vergüenza es la tarea de todo adulto maduro y sano, y la vía regia hacia el placer sexual en su relación.

Ejercicios sugeridos

Tu metáfora del dinero

Responda y realice cada uno por separado lo siguiente:

1. Si sólo pudieras elegir una de las dos cosas siguientes, cuál sería:

    a. Ganar mucho, pero gastar mucho.

    a. Ganar lo necesario, pero ahorrar.

2. Completa las siguientes frases:

    1. "El dinero_____"

    2. "Con dinero_____"

    3. "Sin dinero_____"

    4. "A pesar del dinero_____"

3. En una hoja de papel, haz un dibujo donde representes al dinero y te representes a ti.

4. Escribe dos o tres refranes que sepas desde niño/a relativos al dinero.

Reflexiones acerca del ejercicio
"Tu metáfora del dinero"

Por favor lean esta parte hasta que realicen el ejercicio. Se trata no sólo de comparar lo que cada uno puso, sino de reflexionar acerca del contenido de sus respuestas. Una vez más, no hay respuestas o representaciones correctas o incorrectas, sólo distintas y reflejan un poco de su mundo interior.

1. La opción a) podría percibirse como derroche, pero también como una mentalidad de abundancia. "Gano mucho, gasto mucho y lo hago porque sé que puedo generar más." Esta respuesta no implica que se gaste todo lo que se gana o que no se ahorre.

2. La opción b) puede verse como previsora, pero también de escasez y privación. Si ganas lo necesario, al ahorrar vives con menos de lo que necesitas; es decir, te privas de satisfactores inmediatos para invertir en un futuro que quizá no vivirás. Aquí puede prevalecer un pensamiento del tipo: "No me arriesgo, tengo lo necesario y mejor guardo para un imprevisto o cuando venga una crisis." Una vez más, una postura no es mejor que otra, simplemente es su manera de relacionarse con el dinero.

3. Completar las frases y comparar respuestas es interesante, sobre todo para que cada uno conozca lo que pasa por su mente de primera mano ante distintas perspectivas del dinero.

   1. Comparar los dibujos será divertido, pero además conviene observar en cada uno:

2. Qué tanto esmero puso en el dibujo (o si lo hizo al aventón).

3. Si el dinero se representa en efectivo, en bienes o con algún otro símbolo.

4. Si se dibuja suelto o en una bolsa.

5. Si fueron monedas o billetes (si está en una bolsa, cada uno diga cómo lo imagina).

6. Si se dibuja mucho o poco.

7. La posición de la persona respecto al dinero (si está al lado, enfrente, si lo carga, lo porta, si está más arriba o más abajo, etcétera).

8. El tamaño del dinero con relación a la persona (más grande, más pequeño, desproporcionado, etcétera).

4. El dicho o refrán de la infancia quizá refleje un mito familiar respecto al dinero. Si lo aprendimos en edades infantiles, seguramente en la casa se repetía mucho o alguna figura importante lo decía. Es con lo que crecimos. Si no recuerdan ninguno, tienen mala memoria o de plano no se decían en su casa.

Sexo completo

Si el tema que causa problemas tiene que ver con la calidad/cantidad de sus relaciones sexuales consideren primero:

● Si el sexo nunca fue satisfactorio para uno o ambos, es recomendable visitar a un sexólogo o terapeuta de pareja.

● Si se vio afectado luego de un suceso traumático como una infidelidad, la muerte de un hijo, una enfermedad, algún abuso sexual o incluso algo que no identifican, también busquen ayuda.

● Si antes el sexo era bueno, pero se ha enfriado gradualmente, hagan esto durante un mes.

◊ Por lo menos 5 días a la semana, todo el mes, cada uno tendrá con su pareja un detalle romántico que le encantará. No tiene que ser algo muy elaborado o complejo, sólo algo que le encantará y/o sorprenderá gratamente. Procura hacer o dar algo diferente cada día. Esto es un marco estupendo para lo que les pediré a continuación.

◊ Quien tenga menos necesidad o deseo de relación sexual, empiece poco a poco, sin muchas ganas al inicio, a tocar, besar y/o acercarse a su pareja un día sí y otro no, preferentemente antes de acostarse. La salvedad es que no lo harán en la zona genital. El objetivo es incrementar el contacto y la cercanía, pero sin sexo aunque tengan muchas ganas. El otro sólo debe permitir y responder a lo que su pareja hace, pero no tendrá iniciativas. Hagan esto una semana y por ningún motivo tengan relación sexual.

◊ La segunda semana harán lo mismo, pero ahora ambos tomarán la iniciativa, aún sin sexo ni tocar o besar zonas genitales.

◊ La tercera semana lo mismo, pero lo harán diario y tocarán su zona genital, pero sin sexo.

◊ La cuarta semana lo mismo y ya tendrán una relación sexual, pero sólo una vez esa semana y sólo si el día es un número par.

● Si no completan esta tarea exitosamente sin sentir rechazo o alguna incomodidad, es hora de buscar ayuda profesional. Si lo lograron y están satisfechos con el resultado, la tarea habrá sido exitosa.

CAPÍTULO

3

Los hijos
y las tareas domésticas

Quiero que mi tiempo sea absorbido por las tareas
domésticas, hacer mandados, tener citas y discusiones.
En otras palabras, me quiero casar.

Jarod Kintz

Así como los ríos fluyen de la montaña al mar, las relaciones de pareja, cuando entran en su fase de compromiso y convivencia, dan paso a algo mayor: la familia. Los seres humanos ponemos marcadores, naturales o artificiales, para señalar inicio y fin de los ciclos. Llama la atención como muchos piensan que una familia se inicia con la llegada de los hijos, cuando en realidad lo que comienza ahí es el proceso de *parentalidad* (convertirse en padre y madre). Incluso muchas parejas deciden no tener hijos, pero hay quien jura que una familia en estas condiciones está "incompleta". Yo pienso que a una familia no le sobra ni le falta mientras sus miembros convivan en cercanía emocional, armonía y flexibilidad. Una familia con hijos, o sin ellos, es siempre una familia mientras funcione como tal. ¿O piensas lo contrario?

Está también la inevitable familia extendida; es decir, la familia política, pero de esa hablaremos más adelante. Aquí me concentro en algunas peculiaridades de la transición de la pareja al concepto de familia, donde hijos y hogar se vuelven dos ejes muy importantes que modifican nuestra vida personal y de pareja.

Los hijos

Es un tema que no pretendo agotar. Quizá necesitaríamos un tratado para ello y este apartado no es para hablar de educación infantil, sino de la influencia de los hijos en la pareja.

Las investigaciones y la literatura científica especializada no se ponen de acuerdo. Unos dicen que los hijos motivan estrés y crisis en la relación. Otros, por el contrario, que los hijos ejercen una influencia positiva, cohesionan la vida familiar y algunos otros que ni lo uno ni lo otro. Que son una parte del ciclo vital de la familia y su llegada implica ajustes, pero no son los hijos, sino la capacidad de adaptarse a nuevas dinámicas lo que determinará su influencia.

De una manera u otra no es que llegue un hijo y no pase nada. De lo que estamos seguros es que se trata de una transición de la pareja a la parentalidad. O mejor dicho, a la "pareja en parentalidad", porque al convertirse en padres no dejan de ser pareja. Es algo que suma, no que resta. O al menos así debería ser.

¿Qué tan importantes son los hijos para la pareja?

Es una pregunta genuina; es decir, no les daré ninguna respuesta. De hecho, la pregunta correcta no es qué tan importantes son tus hijos porque, independientemente de lo que cada uno piense, lo son como personas. La pregunta es, qué tanta importancia otorgas tú a tus hijos dentro de tu vida, en la dinámica familiar y respecto a tu pareja.

Entiendo que los cambios químicos en el cerebro de la madre, durante y después del embarazo, las expectativas y deseos de ambos así como el tener ya al hijo en sus brazos, son factores de gran influencia. Pero quiero ir un poco más allá de lo biológico y del momento presente. Es tener una visión de 360° alrededor de la relación de pareja, donde los hijos son un elemento importante y nada más. Claro, esto no resulta sencillo debido a la atención que demandan los pequeños sobre sus padres desde que nacen. Sus necesidades deben satisfacerse en tiempo y forma, so pena de tener un concierto de llanto que se inicia cuando el angelito necesita cualquier cosa. Pero bueno, no satanicemos esa etapa, pues es parte de lo que la evolución nos ha dado para sobrevivir. Hablaba yo de una visión de 360° o como se decía hace mucho "tener un ojo al gato y otro al garabato". Estar atento al hijo, a la familia, a la relación, al trabajo, a los quehaceres y a todo lo que con- forma su vida hasta ese momento. Todo requiere de nuestra atención. Sólo pensarlo puede ser agotador, pero tampoco digo que se deba hacer todo al mismo tiempo; por supuesto, hay cosas que se posponen, pero el verdadero secreto para transitar con éxito de la pareja a la parentalidad sin morir en el intento, es que esa tarea la hagan juntos.

El hijo "papa caliente"

Una queja recurrente de muchos padres varones es que, al llegar a casa luego de trabajar, la pareja les espera para endosarles al pequeño. Alguna vez un paciente en terapia me contó algo como esto:

> *Entiendo que debe estar cansada y hasta un poco harta, pero yo quería platicar un ratito con ella. A pesar de que me encanta estar con la niña, siento que en cuanto llego "me la avienta" y me deja solo. Cada vez que le digo que no me gusta que haga eso, me contesta que yo también soy su padre y debo convivir con ella porque no la veo en todo el día.*

Esto puede tener muchas explicaciones. Desde una madre en efecto agotada que no hizo otras cosas más que cuidar al hijo, hasta una madre que involucra al padre con el nuevo retoño como símbolo de su compromiso dentro del sistema familiar. De una manera u otra, pedirle a una pareja que se haga cargo de su hijo no tendría que ser una orden y ni siquiera una sugerencia, sino una invitación y bienvenida al sistema familiar. Lo recomendable sería primero saludarse como pareja (un beso y un abrazo son estupendos aderezos para un saludo tras una jornada laboral), luego darse un par de minutos para asentarse en la casa (a menos que haya un terremoto o el niño este moradito) y después invitar a tu pareja a escuchar un poco del día a día del nuevo hijo, procurando escuchar lo que él mismo quiera contar de su propio día. Insisto, se comprende que el mundo de la pareja de pronto se convierta en el "planeta bebé" de manera temporal, pero no deben perder de vista el horizonte de su relación como el eje de su vida en pareja.

Si de plano se sienten rebasados por las demandas del hijo, es mejor apoyarse en ayudas externas, al menos durante las fases iniciales del acoplamiento. Si alguien se quema con la papa caliente, deseo que no sean ustedes; mejor la agarran ya bañada y fresca.

El padre exiliado

Muchas veces el amor de la madre por su hijo la lleva a formar una burbujita de amor que lo mantenga envuelto y en contemplación mutua. Cuando el padre quiere incluirse, es visto como alguien que no sabe nada de nada (un invasor inepto) y se sostienen con demasiada ligereza actitudes demandantes y perfeccionistas como:

> *Qué bueno que llegaste, carga al niño; no, así no. Trae los pañales; ay, éstos no eran. Bájale a la tele; no lo beses tan fuerte; ya lo hiciste llorar; no juegues a eso con él, no ves que está chiquito; ayúdame a bañarlo... ay, ¿sabes qué?, mejor yo lo hago sola...*

Se parece a las actitudes que vimos ante el sexo, ¿cierto? Estoy seguro de que las parejas que nunca tuvieron conflictos con la crianza de sus hijos creen que exagero, pero quienes vivieron estas escenas, pensarán que los espío. Lo evidente es que el bebé no es quien causa el conflicto: es la actitud que uno o ambos tienen hacia él y el lugar al que se ve desplazada la pareja ante su llegada. No es poco común, bajo este escenario, el surgimiento de sentimientos ambivalentes en el padre; por un lado, ama profundamente a su hijo, pero por el otro, siente celos de él por toda la atención que se le ofrece y, finalmente, se gesta algún resentimiento contra la pareja por todo este fenómeno.

Pero bueno, como he dicho, diversas investigaciones ponen de manifiesto que la fórmula está en transitar juntos de la pareja a la parentalidad, integrados lo más posible y con actitud incluyente, donde el hijo, por supuesto, se sume a la ecuación familiar y no sea visto como objeto de culto ni como un pequeño alienígena que viene a apoderarse de nuestro planeta emocional.

Ahora bien, muchas veces el exilio no viene de afuera. Los sentimientos de minusvalía y celos nos alejan de quien sentimos nos desprecia o rechaza. Entonces se presenta el autoexilio. El padre resentido se aleja del dúo madre-hijo, no desde el desprecio o desentendimiento, sino a partir de una herida que le provoca el sentimiento de exclusión: "Parece que no me necesitan." Si te identificas como un padre exiliado, no esperes a ser invitado, intégrate a esa familia que también es tuya y persevera hasta ocupar tu lugar.

La isla de la madre sola

Veamos la otra cara de la moneda. Como parte de las creencias estereotipadas de la socialización del rol, muchos hombres creen que la crianza de los hijos es cuestión femenina y, bajo la bandera del trabajo, se alejan del proceso de gestación y crianza familiar. Generalmente buscan participar en los juegos, pero no en los cuidados. No gustan de los desvelos para dar biberón, los ven como un fastidio o de plano no mueven un dedo. Esta postura es riesgosa para la relación y la familia. Si bien al inicio hay intentos de la mujer para que el hombre asuma un papel activo en el proceso de parentalización, si no se logra viene un fenómeno de resignación y resentimiento acompañado de un gran silencio. Esos silencios a los menos sensibles les parecen un alivio, pero son como las calderas de un barco cuando acumulan presión excesiva. En cualquier momento explotan y parten la nave en dos. No se confíen, pueden pasar incluso años para esto, pero es muy probable que suceda si no tienen cuidado.

Tiempo para ambos, ahora que aún es tiempo

Es complicado cuando el hijo es pequeño salir a cenar y dejarlo al cuidado de alguien. Pero piénsenlo, duermen mal, sólo hablan del niño, la mecha se acorta, la casa está de cabeza (o al menos la recámara) y las cosas no van tan bien. Claro, es inevitable que si se dedican un tiempo, a veces surjan reclamos, comentarios y cambios en el cuidado del hijo, pero procuren no convertirlo en el centro de la conversación. Tampoco digo que hagan como si el pequeño o la pequeña no existiera, pero aprovechen para darle un giro interesante a la conversación; es decir, platicar acerca de ustedes alrededor de la parentalidad. Su sentir, sus vivencias y experiencias personales. Recuerden, mientras más conozcamos del mundo interior de la pareja (el factor intimidad), más compenetrada estará la relación. Al final de este capítulo les sugiero algunas preguntas como guía para abrir una conversación en este sentido.

Si se hunden en la parentalidad y abandonan la relación, el costo será muy alto. Veamos el sentir de una mujer que habita la isla de la madre sola en una relación donde ya no hay tiempo para ambos:

El mes pasado cumplimos 5 años de casados, y le pregunté cómo íbamos a celebrar; me dijo que iríamos a cenar. Pero nada ha pasado. En realidad yo quería dejar a los niños con alguien e irnos él y yo a algún lugar solos, pero realmente no le veo intenciones ni ganas.

Me siento desmotivada y cansada de que las cosas como pareja no sean diferentes. En realidad no sé si a él le interese esto o simplemente me vea como la mamá de sus hijos sin ningún interés afectivo.

Creo que hasta este momento él había sido mi prioridad, porque como dicen por ahí, los hijos se van y lo que queda es la pareja. Sin embargo, hoy decidí que la prioridad seremos mis pequeños y yo.

Es muy triste y doloroso llegar a estos extremos, pero entendemos la frustración de esta mujer, ¿no es así?

Si los hijos aún no llegan

Es importante también considerar lo que establece un estudio de la doctora Erika Lawrence y colaboradores, publicado en 2008 en *Journal of Family Psychology*. Esta investigación se realizó en torno a la satisfacción marital durante la transición a la parentalidad. Entre muchos hallazgos interesantes uno afirma que la satisfacción de las parejas acerca de su relación, previa a la llegada de los hijos, es el factor más determinante sobre cómo transitar hacia la parentalidad y cómo se desarrollará la relación los primeros dos años de vida de ese hijo. Parece entonces sabio recomendar que evalúen ambos qué tan satisfechos se encuentran con su relación antes de la llegada de los hijos. Si algo no está del todo bien, sería estupenda idea buscar alguna terapia para resolver esos conflictos y ofrecer a sus futuros hijos, así como a su propio núcleo familiar, una mejor calidad de vida. Lamentablemente, es creencia común que si la pareja está mal, la llegada de un hijo vendrá a unirlos y a resolver todo. No digo que este escenario sea imposible, pero es jugar un poco a la ruleta rusa con su relación y la felicidad de otro ser.

Ser dos siendo uno

Los hijos crecen y vienen las etapas escolares. Empiezan a pedir permisos y a entender cómo funciona la mecánica con los padres. Se dan cuenta de que los padres no son exactamente iguales y hay uno más barco que el otro. O digamos uno "más distraído". Podemos encontrarnos escenarios como el siguiente:

— Mamá, ¿me das permiso de ver la tele?

— No, porque no has acabado la tarea.

— Ándale plis, te prometo que ahorita que vea mi programa la acabo.

— Que no, punto y se acabó.

— Papi me dejas ver la tele. (El angelito va en busca de su papá en otra habitación.)

— Sí, claro.

— Gracias...

La cosa no acaba ahí, apenas ha empezado.

— ¿Qué haces viendo la tele?

— Mi papá me dejó.

— ¡Pues yo te dije que no y apagas eso inmediatamente! (El angelito lanza un grito espeluznante y llega el padre.)

— ¿Ahora qué pasó?

— Pues que le dije a Miguelín que no podía ver la tele hasta que acabara la tarea y me dijo que tú lo dejaste verla.

— Pues sí, yo lo dejé.

— Pues yo no lo dejo hasta que haga lo que yo le dije.

— Oye, no me restes autoridad, yo le di permiso.

— No me la restes tú a mí, yo le dije primero que no.

— Pues yo no sabía pero qué te quita conque vea primero la tele.

— No es que me quite nada, es que debe obedecer.

— Y también aprender que la palabra de su papá tiene un valor, así que si yo le dije que podía ver la tele, va a ver la tele.

— Estás mal Miguel, el niño debe hacer primero sus obligaciones.

— No, tú estás mal con esa actitud de mamá nazi que te cargas, el que a ti te hayan traído como sirvientita en tu casa no quiere decir que mis hijos van a ser unos reprimidos como tú.

¿Y el angelito? Viendo el fruto de su intriga familiar. Si bien nos va, porque quizá para esas alturas, mientras sus papás se desgarraban, él disfrutaba de su programa favorito y hasta unas palomitas. En todo caso está aprendiendo algo. Mis papás no se ponen de acuerdo y yo puedo sacar ventaja de eso.

Para esto deben llegar a un acuerdo. Los permisos se dan con el consentimiento de ambos y las diferencias nunca se resuelven frente al menor. Veamos un ejemplo de esto:

— ¿Papá me dejas ver la tele?

— ¿Ya le preguntaste a tu mamá? ¿Qué te dijo?

— Que no... porque no he acabado la tarea.

— Entonces no.

— Pero es que está mi programa favorito.

— Lo siento, no, es no. Para otra vez acaba más temprano la tarea.

— ¡Ash!

— Ya sé que no te gusta, pero es tu deber, ándale.

Más tarde se reúne la pareja.

— Oye mi vida, por cierto, ¿tú no dejaste que Miguelín viera la tele porque no había acabado la tarea?

— Sí mi amor, ¿por?

— Ah, es que me fue a preguntar a mí y le dije que si tú ya habías dicho que no, pues no.

— Sí, gracias por apoyarme.

— ¿Por cierto, no se te hace que de pronto somos un poquito duros con él con eso de la escuela?

— ¿Crees? Yo no lo siento así.

— Digo, esta chiquito y de repente siento que lo cargamos con un chorro de cosas además de la escuela; el otro día leí algo de un estudio que hicieron y parece que no es tan bueno eso de las tareas. No digo que no las haga, así son las reglas todavía, pero igual no meterle tanta presión.

— Mmmmmm... sí, yo leí algo parecido. Mira, vamos a observarlo, igual lo dejamos descansar de las clases de piano un rato o hablamos con la Miss para ver qué onda con las tareas, porque ahora que lo pienso de pronto siento que sí se pasan.

Aquí veremos estrategias para no caer en un conflicto de pareja por la crianza infantil.

1. Existe el acuerdo de que los permisos se dan entre ambos. Si uno de los padres está ausente, el otro obviamente lo puede dar, manteniéndose en los acuerdos previos. Por ejemplo, "el niño no come postre si no se acaba la

comida" o "no hay permisos si no ha cumplido con sus deberes domésticos."

2. Si el niño pide permiso a uno, se cercioran de que se consultó al otro. Ambos deben estar de acuerdo ante el niño para un Sí o un No.

3. Si hay desacuerdo en un permiso otorgado o negado, y la situación no es seria, puede concederse o negarse como uno lo había dicho, pero luego conversar para afinar estrategias, sin el hijo presente.

4. Si un permiso otorgado o negado se considera inconveniente, extremo o riesgoso, especialmente por falta de información de quien lo concede o lo rechaza, intercambien información y notifiquen al menor el cambio de parecer. Por ejemplo:

— ¿Oye, dejaste ir a Sofi con sus amigos a la fiesta?

— ¿Si, por?

— Ah, es que tiene la cita con el médico esta tarde; llamó la asistente para hacer el cambio porque el doctor tiene un congreso y prefiere verla antes por lo de su brazo.

— Ah caray, pues ni hablar; entonces hablemos con ella. Que llegue más tarde a la fiesta o de plano que no vaya. Lo primero es lo primero. Ven, vamos a decirle de una vez.

Yo sé que hay padres muy democráticos que incluyen a los hijos en todas las decisiones y les piden su opinión, pero no olvidemos que, por inteligentes que sean, su cerebro aún no madura (especialmente la región de anticipación de consecuencias). Hay excepciones, por supuesto, pero en general si preguntas a un niño si quiere ir al doctor o a la fiesta, anticipamos la respuesta más común. A veces se puede elegir, otras no. Así funciona la vida.

La educación de los hijos

Éste no es un libro sobre cómo educar a los hijos, pero en esta sección me refiero a la postura de la pareja frente a los conflictos que la crianza provoca. Como ya habrán notado a través de estas páginas, y seguramente lo experimentaron en carne propia, el conflicto surge cuando cada uno cree que su visión y manera de hacer las cosas es la correcta y la de la pareja la equivocada o, al menos, no tan buena como la propia. Un tema importante puede ser el de la educación, por ejemplo. Desde a qué escuela irán, la disciplina, los resultados esperados de su desempeño escolar, hasta el horario de las tareas y las actividades extracurriculares.

Por supuesto este tema, como muchos otros, no es ajeno al resto que afecta a la familia. Por ejemplo, la educación tiene que ver con el dinero que se invierte en ella, los valores que cada uno cree deben procurarse y hasta las creencias acerca del tipo o estilo educativo. Montessori, militarizada, pública, privada, bilingüe, etcétera. Claro, muchos padres optan por la más cercana a la casa o el trabajo y, sobre todo en las grandes ciudades, es un factor a considerar.

Aun así, no se puede delegar todo a la escuela. El papel de los padres, o de quien ejerza esa función ante la ausencia de uno o ambos, es precisamente inspirar, proveer un entorno de seguridad y confianza, pero sobre todo aceptación incondicional para que el niño se desarrolle. No digo que la escuela sea lo de menos, pero sí que el ambiente en la casa es "lo de más". Recordemos las palabras del filósofo y escritor español Fernando Savater, cuando en su libro *El valor de educar* apunta: "La educación no es una fatalidad irreversible y cualquiera puede reponerse de lo malo que había en la suya."

Una pareja en el consultorio tenía, entre otros, un serio problema sobre qué escuela era la mejor opción. Ella decía que la educación de los hijos era fundamental y tenerlos en una buena escuela, desde el kínder, incluso antes, era vital para su desarrollo y éxito profesional en el futuro. Su esposo estaba de acuerdo con la importancia de la educación, pero él sostenía que daba lo mismo el kínder, siempre que fuera un lugar acreditado, y no tenía caso invertir tanto ahora para poder luego costear una buena universidad. Argumentaba que las bases de estudio y la disciplina se dan en casa y era inútil invertir en eso ahora. Tenían discusiones del tipo:

— Lo que pasa es que a ti no te importan los niños.

— Sí me importan, pero esa escuelita es carísima y no se necesita tanto ahorita.

— En la educación de los hijos no se escatima.

— No estoy escatimando, al contrario, quiero ahorrar hoy para una buena universidad y hasta al extranjero puedan ir después si quieren.

— Pues si tuvieran una buena educación desde ahorita no tendrías por qué gastar tanto luego; seguro se sacaban una beca para estudiar donde ellos quisieran; a mí se me hace que no le tienes fe a los niños.

¿Quién tiene la razón? La respuesta depende de a quién se le haga la pregunta. Seguro tú, que lees, tienes tu punto de vista que puede coincidir con una de estas dos posturas, una combinación de ambas o hasta una idea que nada tenga que ver con lo que ellos proponían. Es verdad que las opiniones son valiosas, pero no deberían ser la semilla de la discordia cuando cada uno sostiene una verdad diferente. La idea es buscar un arreglo y decisión que a ambos deje al menos moderadamente satisfechos, pero sobre todo no convertir ese tema en "El" tema de su vida, ¿me explico?

Los hijos de mi pareja

Por supuesto, no olvido en este apartado a las familias compuestas por hijos con vínculos consanguíneos con ambos padres, otros con uno de ellos o algunos con ninguno, como en el caso de hijos adoptados. Muchas veces hay un poco de todo en estas familias, donde aplica la expresión popular de "los tuyos, los míos y los nuestros".

Todas encierran sus propias complejidades funcionales. Los segundos matrimonios, por ejemplo, no son mejores ni peores. A algunos les va mejor, a otros igual y a otros francamente peor. Eso depende mucho de las personas y la dinámica entre ellos, pero si hay un punto crítico en las familias compuestas, es precisamente cuando hay hijos de por medio.

Pueden darse toda clase de combinaciones, pero el escenario más común es que, si ambos tienen hijos de relaciones previas, se queden bajo la custodia de la madre. Esto se torna más complejo cuando, como suele ocurrir si hay hijos, el o la "ex" sigue orbitando alrededor de la vida de la persona. El niño o la niña tienen papá, mamá y, además, estás tú en un rol un tanto… extraño, al menos al principio. El hijo de tu pareja puede estar ciertamente dolido y enojado. A sus ojos eres un entrometido y, si el o la ex de tu pareja lo ha manejado así, incluso tienes la culpa de la ruptura de su familia, o al menos impides que sus papis se reconcilien y todo vuelva a ser como antes.

La idea entonces es poner reglas básicas entre ustedes, especialmente si hay fricciones por los hijos bajo este modelo. Ustedes deben redactar las suyas, las que funcionen bajo un esquema de "ensayo-error", pero es importante hacerlas explícitas.

Por ejemplo, a veces, desde tu punto de vista, los hijos de tu pareja necesitan más disciplina. Le contestan feo, incluso los sientes rebeldes y agresivos. ¿Qué haces?

A. Te haces de la vista gorda, ves la tele y finges que no pasa nada.

B. Intervienes y les echas un sermón a esos "malcriados" acerca de que a su madre/padre no se le habla de esa manera. Es decir, inicias la tarea de "reeducarlos".

C. Dejas que el incidente pase, observas cómo lo maneja tu pareja y posteriormente le dices cosas que tal vez podrían ayudarle.

D. Haces lo del punto anterior, pero además le preguntas si la siguiente vez que suceda algo así quiere que intervengas en la crisis.

E. Le pones una regañiza a tu pareja por ser débil, no imponerse ni mantener una disciplina básica con sus hijos. Es decir, inicias la tarea de reeducar a tu pareja.

El resultado de cada una de estas actitudes será muy variado. Si eliges la "A", tu pareja sentirá que le das la espalda, pero también te puede agradecer no haberte metido. En la "B" te agradece que intervengas, pero también quiere decirte que son sus hijos y tú no eres nadie para hablarles así. Ante estos escenarios no es casualidad que muchas personas no sepan qué hacer ante el temor de que "quien se mete a redentor, acaba crucificado". Por eso es importante establecer códigos, límites y estrategias de común acuerdo.

No obstante hay algo muy importante: estar atentos a algunas señales de alarma:

● Nunca permitas que tu pareja agreda física o psicológicamente a tus hijos ni para corregirlos. Por cierto, sí tú lo haces, detente. Si no encuentran otra manera de "educar", busquen ayuda profesional.
● Nunca permitas que tus hijos se porten agresivos o groseros con tu pareja. Si bien se entiende su estado emocional, tu pareja no es un costalito de arena para que le peguen y se desquiten. Además, si lo permites, no darás a tu pareja un lugar preponderante en tu vida.

Una familia compuesta vive muchos cambios y pérdidas y cada uno debe llevar su propio proceso. Con límites claros, flexibilidad y estrategias útiles, se puede hacer mucho para que todos lleguen a buen puerto a pesar de piratas y tormentas, siempre que haya disposición y voluntad.

¡Auxilio, mis hijos o los hijos de mi pareja hunden nuestra relación!

Como he dicho, muchos hijos no están de acuerdo con una nueva relación de alguno de sus padres y lo demuestran. A veces sobre sí mismos, por ejemplo, con manifestaciones ansiosas o retrocesos en el control de esfínteres, y otras, dirigiendo su malestar hacia el exterior y los demás, especialmente hacia el "intruso o intrusa" y otros niños en la escuela.

Si eres tú la parte que se incorpora a la dinámica familiar de una pareja con hijos, poco lograrás si tu pareja no te otorga autoridad. Es más, aun haciéndolo, falta que sus hijos la reconozcan y con frecuencia entrarás en conflicto con ellos en una lucha interminable. Claro, muchos te dirán que tú eres el adulto, que tengas paciencia, los entiendas en su proceso, etcétera. Tienen razón, pero también hay límites. Sin duda, si fuera el caso, necesitas apoyo de tu pareja y usar tus conocimientos y creatividad. Sí, hay que invertirle, pero no en solitario, sino de la mano de tu pareja.

Tus hijos solamente son tus hijos

Antes que ser hombre o mujer somos personas. Ser padre o madre es un rol que una persona desempeña o no en la vida, ¿cierto? Permitir que tus hijos, aunque sean tuyos, tomen el control de tu vida como persona, es uno de los peores errores.

No sólo te perjudica a ti o a una nueva relación, también los perjudicará a ellos por tener un padre o madre débiles que no les ofrezcan guía ni les fijen límites. Tu rol de padre o madre y el de pareja son distintos, ambos importantes, pero ninguno debe interferir o anular al otro para obtener "tu exclusividad". Tú no eres propiedad de nadie y si bien tus hijos son tu responsabilidad, tampoco son una condena que debas padecer a costa de tu propia felicidad. Es un precio demasiado alto que pocas veces es reconocido o satisfactorio. Ahora bien, si crees que nada es más importante que tus hijos, y conste que no digo que no deban ser muy importantes en tu vida, entonces lo mejor será que se lo hagas saber a tu pareja para que tome decisiones con base en tu asignación de prioridades.

Anteponer tus hijos a una nueva pareja indica que en realidad no buscabas alguien con quien compartir tu vida, sino alguien que te ayudara con las cargas de la parentalidad, las tareas domésticas, los gastos o simplemente para no estar en soledad. Recuerda que uno acaba demostrando sus verdaderas intenciones, por más que de tu boca salgan otras explicaciones.

Los niños irrumpen de modos diversos en la vida de una pareja. Depende no sólo de le edad, sino de la relación con sus padres y lo que para ellos represente la nueva pareja de papá o mamá. Los más pequeños harán berrinches o entrarán por la noche a la recámara de la pareja con el argumento (cierto o inventado) de que tuvieron una pesadilla, algo les pica y no pueden dormir, para colarse al centro de la cama. Los mayores serán hostiles o abiertamente groseros con la nueva pareja y se aliarán con el padre o la madre que "se quedó solo/a". Esto es grave cuando uno de los dos se hace la víctima y busca crear en los hijos aliados (cómplices) para descargar neurosis, celos y "ardideces" por la pérdida de la relación o por ver feliz a su ex pareja al lado de otra persona.

Los hijos, en particular los más pequeños, desean que sus padres separados se reúnan para recuperar la familia feliz. En realidad poco se preocupan por la felicidad de esos padres y más bien buscan su estabilidad. No lo hacen por maldad, por supuesto, es una necesidad muy válida, aunque reconocidamente narcisista.

Si los adultos somos complejos al actuar, los niños lo son más, pues tienen cambios muy rápidos a lo largo de su desarrollo. El sentido común ayuda, pero aun así sería interesante que te asesoraras con un buen terapeuta infantil que trabaje con ellos si su conducta resulta inusual o muy problemática para la pareja.

Siento que mi pareja no quiere a mis hijos

La verdad no tiene por qué. Es decir, pensemos en lo siguiente: cuando una persona adopta hijos es porque los desea y generalmente son huérfanos. No es frecuente saber de alguien que adopte hijos con un padre o una madre a cuestas. ¿Cierto? De igual manera, cuando uno busca una pareja, no piensa en los hijos que puede traer; vienen con el "paquete", pero no suele ser el objetivo central. Digamos que para algunos son un costo a pagar. Pero no te asustes ni te alarmes, aunque no tengan por qué quererlos, generalmente les toman cierto cariño, a veces incluso "adoptándolos" como si fueran propios. Recordemos que para todos hay un periodo de adaptación, pero con tu pareja no debe ser pasivo. Conversa con él o con ella acerca de cómo se siente respecto a tus hijos y si le gustaría modificar algo. Escuchar no te compromete a cumplir nada, pero sí ayuda a no provocar que tu pareja se sienta minimizada o desoída por ti. De lo que escuchen y conversen surgirán acuerdos interesantes y nuevas maneras de compartir la crianza del o los niños.

Claro, como dije, una cosa es adaptarse a ellos y otra que sea abierta o veladamente hostil y pretenda maltratarlos o excluirlos de la vida familiar. Esto no debe permitirse a nadie.

Si bien buscar una pareja no es buscar hijos que adoptar, al involucrarte en una relación aceptas convivir con la persona elegida y la familia que depende de ella. Si no, dilo en este preciso momento antes de lastimar a alguien emocional o físicamente.

Las labores domésticas

Algo tan doméstico como lo doméstico se vuelve también una piedrita en el zapato que arruina un buen paseo por la vida. No tendría que ser así, pero lo es para muchos.

No me gusta dar consejos, pero ahora daré uno: si pueden costearlo, contraten a alguien que ayude con las tareas domésticas si representan un problema. Claro, no soy tan inocente; sé que incluso así, hay diferencias con el tema del quehacer; ya veremos por qué.

Por supuesto, hay acuerdos de pareja en donde "uno se hace cargo del trabajo y el otro de la casa" (sí, ya sé que el quehacer de la casa es también trabajo no remunerado y etcétera, pero así se dice). A pesar de esto, cada vez más familias adoptan un esquema donde ambos trabajan y, en teoría, contribuyen a la atención del trabajo doméstico. ¿Qué tan importante es un acuerdo en esto? Bueno, lo es y mucho. Una encuesta realizada en 2007 por el Pew Research Center de los Estados Unidos, sobre los acuerdos de las parejas, reveló que las parejas consideraban que los factores que hacían funcionar a un matrimonio eran:

1. Fidelidad 93%
2. Buen sexo 70%
3. Compartir el quehacer 62%

De hecho, se compararon estas respuestas con las de 1990 y se encontró que fidelidad era 2% menos importante, sexo 3% más importante y quehacer 15% más importante en 2007 que en 1990. Si consideramos solamente al grupo de hispanos, la cosa se pone más interesante: 73% consideraban que compartir labores domésticas era muy importante, lo que los sitúa como los primeros en este rubro.

A pesar de eso, las mujeres son quienes sobre todo, se hacen cargo de la casa. Por ejemplo, en familias donde ambos trabajan, los hombres en promedio ocupan 18% de su tiempo en hacer 33% de las tareas domésticas. Las mujeres invierten 22% en 67% del quehacer. Eso coloca a los hombres como no muy eficientes en esto, pero eso no significa que deban abandonar el esfuerzo, sino incrementar su eficiencia.

"Yo sí trabajo"

El trabajo doméstico no pocas veces, y no en balde, se llama el trabajo invisible. Si está bien hecho no se nota, de lo contrario se extraña. Una casa ordenada, la ropa limpia y la comida caliente serían el estado natural de las cosas. Pero resulta que la casa no se ordena sola, la ropa no se autolava y la comida no absorbe espontáneamente la energía del sol. Alguien cuida que todo funcione con eficiencia.

Cuando hay inequidad en las tareas domésticas, ¿quien protesta más? Evidentemente el que más hace, pero su pareja escuchará la queja y de inmediato vendrá la célebre frase defensiva: "¿Pues qué tanto haces?" Cualquiera que se haga cargo de una casa sabe que estas palabras "enchilan" y muestran una profunda ignorancia del asunto. Es una frase desafortunada sólo superada por la de "... ¿y tú crees que yo no me canso?... te recuerdo que yo SÍ trabajo…" No le echen leña al fuego y cuando su pareja reclame por hacer un trabajo interminable, escuchen y encuentren una solución juntos.

La falta de colaboración y el incumplimiento de acuerdos destruye poco a poco la confianza. Es comprensible que a veces, si haces otra cosa y tu pareja te pide que le ayudes con algo, le digas "ahorita voy". Pero cuida de ir efectivamente y que no sea algo que tu pareja necesite justo en ese momento (por ejemplo que le sostengas la escalera porque cambia un foco).

Im-pecable

La casa perfecta a veces es la perfecta ruina de la casa. Porque así lo aprendieron o porque de plano traen por ahí algún trastorno obsesivo, para algunas personas el asunto de la limpieza es algo casi religioso. La casa se convierte en una especie de museo donde nada se toca y nada está fuera de su lugar ni un minuto. El orden y la limpieza lo son todo. Podemos detectar a esas personas porque en general son exageradas en esto. Recuerdo una conversación con una paciente:

— Para mí es una frustración realizar quehacer todo el día para que los niños y mi marido lleguen y en un minuto pongan la casa patas para arriba.

— ¿Ya les dijiste tu sentir?

— Se los he dicho un millón de veces pero nunca me hacen caso. Parezco su criada.

— ¿Y qué te responden?

— Mi marido dice que exagero, que la muchacha está para hacer lo que haga falta, pero yo le digo que no porque esté ella vamos a tener la casa hecha un muladar, todo tiene un orden y no sé por qué no pueden respetarlo.

Era su perspectiva. Si la casa no está como debe entonces es un muladar. Pensamiento blanco-negro que no deja nada bueno para la mente. ¿Qué decía el marido al respecto?

— Deberías verla. Todo el tiempo limpia, acomoda, sacude. Es verdad que la casa está bonita y limpia, pero creo que tanto estrés por eso no le hace bien. Y eso que está Juanita que nos ayuda, pero nunca es suficiente. Luego le mete unas regañizas a la pobre...Otra cosa que me molesta es que a veces ni podemos estar un rato tranquilos ella y yo; por ejemplo, la rutina nocturna es que yo llevo a los niños a acostar y ella se queda recogiendo lo de la cocina después de la cena...

— ¿Es lo que suelen hacer?

— Sí.

— ¿Y han probado intercambiar roles?

— Lo intenté un par de veces, incluso acostar a los niños y volver juntos a la cocina a recoger, pero acababa yo regañado y ella haciendo casi todo de nuevo porque no le gustaba cómo lo hacía. No lo hago tan distinto de ella, pero siento que no funciona, lo que pasa es que le da como ansiedad y se pone hasta de malas, por eso mejor cada uno hace su parte así como te dije.

— Entiendo.

— No, y eso no es todo; te decía que mientras ella recoge la cocina yo acuesto a los niños, ¿no? Entonces voy de nuevo a la cocina y le digo que ya se venga a acostar o veamos una película, pero su respuesta típica es "ahorita voy, ya nada más termino esto; si quieres adelántate y ahorita te alcanzo". Pero ya me la sé, lo que quiere es dejar la cocina impecable y no pocas veces cuando se acuesta yo ya me dormí. No hay convivencia pues.

Y sí, una casa bonita y limpia gusta a todos, pero hasta dónde la búsqueda de la perfección hace pagar un precio muy alto a la familia con malos momentos, críticas, quejas y discordia. Recuerda: el que las cosas no se hagan como tú quieras no implica que estén mal. Ya sé que muchos dirán: "No es como yo quiero, es como se deben hacer." Se me hace que esa frase te la decía tu mamá, ¿verdad?

¿Cómo lo hacen?

Hay diferentes estilos para realizar las labores domésticas cuando la pareja se coordina. Unos funcionan mejor que otros, pero esto lo decidirán ustedes de común acuerdo. Veamos:

Estilo	Descripción
Silencioso	La pareja realiza tareas domésticas en el mismo espacio (cocina por ejemplo). Cada uno ya sabe lo que tiene que hacer y nadie debe recordar al otro su parte. Son flexibles y colaboran; por ejemplo, si terminan su parte antes que su pareja, la ayudan para terminar antes.
Experto	Uno de los dos tiene más conocimiento/habilidades para la tarea en cuestión, entonces es quien coordina o instruye al otro acerca de lo que hay que hacer y cómo. Este estilo puede ser riesgoso si no es flexible y sonriente. Puede hacer sentir a la pareja como tonta si se le dan instrucciones a cada paso o se le corrige todo lo hecho. Si a esto le agregamos la frase lapidaria "ya déjalo, yo lo hago", las cosas se pondrán muy tensas.
Coordinado	En este estilo se coordinan para hacerlo al momento. "¿Lavas los trastes mientras saco la basura?" Aquí también hay que tener cuidado porque si hay una sugerencia o petición con poco tacto, parecerá una orden. Es muy eficaz, no obstante, porque acaban muy rápido con cualquier tarea.
Independiente	Aquí cada uno hace la parte que le toca en diferentes horarios o lugares de la casa. Nadie le recuerda a nadie su parte; cada uno lo hace a su ritmo, con su estilo y en su tiempo. El resultado suele ser bueno. Esto afecta a personas que quieren que todo se haga al momento y de cierta manera; se limita entonces la independencia y se convierte en el modelo "Experto".

No se trata de tener un solo estilo rígido, sino de usar o combinar varios según la tarea y la personalidad de cada uno. A algunas personas les gusta que les digan paso a paso qué hacer; terminan algo y preguntan: "¿Qué más?" Pero otros prefieren hacer las cosas a su manera sin que nadie ande detrás de ellos. Yo digo que si el resultado es bueno, el estilo es lo de menos. Y conste que dije bueno, no perfecto.

El acuerdo perfecto

¿Entonces, cómo distribuir las tareas domésticas para que resulten equitativas, justas y ambos queden contentos? La respuesta única, precisa y más útil es: como les acomode mejor. Aun el acuerdo matemáticamente más equilibrado puede traer problemas si ambos no quedan relativamente conformes. Repartir las tareas domésticas con cronómetro en mano, en metros cuadrados y número de platos no siempre es la mejor idea, por correcta que sea en términos numéricos.

Pienso que aquí se necesitan dos cosas. Buena voluntad e iniciativa. Lo primero dirigido a tu relación, pensando que al colaborar con las tareas de la casa no lo haces por "obligación", sino porque deseas que tu relación se fortalezca. Es aplicar lo que yo llamo un "egoísmo inteligente". Por ejemplo, el "egoísmo absurdo" te lleva a nunca lavar platos, recoger basura ni ocuparte del aseo de la casa mientras entras y sales, comes y duermes y dejas cáscaras, toallas y envases por acá y por allá. De entrada sería muy cómodo beber un refresco de lata en la sala y dejarla ahí tirada. Comer un sándwich y no recoger tu plato, dejarlo sobre la mesa. En poco tiempo ya no tendrías qué ponerte o dónde comer y vivirías en un basurero. El "Egoísmo inteligente" tiene un lema: "Que todo esté bien para que yo esté bien." Al final buscas tu beneficio, pero lo obtienes tras hacer que tu entorno se mantenga funcional y aseado y las personas que te rodean no entren en conflicto contigo por ello. Un egoísta inteligente obtiene placer ahora y le procura también placer a su "Yo" del futuro. Por supuesto, nadie está obligado a actuar de manera inteligente si no quiere, ¿verdad?

Pero algo más también es cierto: aun el acuerdo más funcional e inteligente puede resultar disfuncional si uno de los dos prefiere distribuir los quehaceres según su concepto de justicia sin tomar en cuenta si eso beneficia o no la relación. Si quieres que tu pareja se ocupe exactamente de 50% de los quehaceres de la casa, y eso representa pleitos, comprobarás que no siempre la justicia hace justicia y mandas a la guillotina a tu relación. No digo que te conviertas en esclavo o esclava del otro. Si lo tuyo es la perfección y la justicia, quizá no necesites una pareja, sino una beca de posgrado en alguna institución educativa donde enseñen matemáticas y leyes. También sé de personas que bien harían en ser más ordenadas y aseadas, pero tú no eres padre o madre de tu pareja y difícilmente la reeducarás. Eso viene de dentro.

No tengo vida

Dedicarse a las tareas domésticas, a la pareja y a la familia puede ser necesario e importante, pero no representa todo en la vida de una persona. Debe quedar tiempo para sí misma. Anteponer constantemente las necesidades de otros es una bomba de tiempo y un ingrediente perfecto para la frustración. Una pareja frustrada no es exactamente muy grata.

Aquí cada uno debe asumir una responsabilidad realista. El tiempo nunca lo tendrán si no lo toman. Es fácil dejar que la vida determine cuánto de nuestro día dedicamos a qué actividad, pero también es fácil que las tareas demandantes roben tiempo a las placenteras. Una pareja necesita tiempos para convivir, pero también para cada uno. Si la casa pide sacrificios es hora de bajarla del pedestal y ponerla en su lugar; sin vivir en un muladar, por supuesto.

Una simple palabra

Como dije antes, al trabajo del hogar se le llama también invisible. Por eso resulta fundamental abrir bien los ojos, reconocer el trabajo bien hecho y hacerlo en voz alta. Una rica cena, un cajoncito lleno de calzones bien acomodados o una llave que ya no gotea porque tu pareja la reparó, se llevan estupendamente bien con una sola palabra: "Gracias."

Tendemos a agradecer sólo favores inmediatos y evidentes como cuando te pasan el salero en la mesa o alguien te sirve agua. Necesitamos agradecer lo que "no se ve", pero también se hace. Agradecer lo que se tiene y lo que se disfruta. Como decía antes, mucho de lo que se hace es visto como obligación; yo lo veo una vez más desde el "egoísmo inteligente"; como un acto de conveniencia. A ambos conviene que las cosas se hagan lo más rápido posible, de la mejor manera y con la armonía necesaria para tener tiempo de estar juntos y disfrutarse. Si uno piensa que no le conviene una buena relación, no sé siquiera por qué quiere meterse en una.

¿Qué vimos en este capítulo?

- La llegada de los hijos es otro cambio importante. Los acuerdos aquí son clave, pero lo que hará la diferencia es no permitir que su papel de nuevos padres eclipse y hunda su rol como pareja.

- Pasar de pareja a la construcción de una familia implica cambios, ajustes y trabajar con elementos que causan conmociones en una relación si no se abordan adecuadamente.

- El papel de los acuerdos en las tareas domésticas es más importante de lo que se piensa; incluso las parejas duraderas y felices reportan a este elemento como una de las tres primeras causas por las que su matrimonio ha durado.

- Si les es posible, busquen ayudas externas para las labores domésticas; con eso dedicarán más tiempo a la familia y menos a la casa.

- No se busca dividir las tareas de manera justa para el mundo o de modo matemáticamente correcto; la idea es encontrar un arreglo que deje a ambos relativamente satisfechos.

El mundo de la parentalidad

Pregúntense uno a otro verbalmente lo siguiente. Procuren dar respuestas detalladas. Sean honestos y no traten de "quedar bien" o dar una respuesta "correcta". Pueden conversar acerca de una pregunta cada día, responderlas alternadamente o por turnos. No sólo escuchen la respuesta y se den por enterados, amplíen la información o reflexionen juntos.

1. ¿Cómo te sientes ahora que somos padres?

2. ¿Qué es lo que más te ha sorprendido hasta ahora?

3. ¿Qué te encanta de esta experiencia?

4. ¿Qué te agota más o te gusta menos?

5. ¿Cómo ha influido ser padres en nuestra relación de pareja?

Domesticando las tareas

Busquen una estrategia conjunta para distribuir tareas domésticas. Insisto en que si lo pueden costear, busquen quien les ayude al menos un par de días a la semana o utilicen alguno de los servicios cada vez más comunes como lavado y planchado de ropa recogida y entregada a domicilio (no es tintorería ni lavandería tradicionales). También piensen en la posibilidad de comprar una maquina lavaplatos. Si nada de lo anterior es posible o les gusta la idea por la razón que sea, entonces utilicen la creatividad para repartir tareas. Por ejemplo:

- Hagan una lista de las tareas domésticas. Luego cada uno clasifíquelas:
    ◇ Me encanta
    ◇ Me da lo mismo
    ◇ La tolero
    ◇ La odio
- La tarea que te encante hazla tú. Si a tu pareja también le gusta o le da lo mismo, háganla un mes y un mes.
- Si una tarea te da lo mismo, ofrécete como voluntario/a para hacerla, especialmente si tu pareja la odia.
- Cuando sólo toleres una tarea pero tu pareja la odie, ayúdale haciéndote cargo tú de ella. Por ejemplo, quizá tú la hagas 6 días a la semana y tú pareja uno, si debe hacerse diario.
- Si de plano odias una tarea y tu pareja también, rífenla cada vez o pongan un premio, por ejemplo: "El que haga reír más a su pareja ese día, no se hará cargo de la tarea."

Si a pesar de estas recomendaciones no se ponen de acuerdo con los quehaceres, y eso ocasiona peleas entre ustedes, busquen ayuda con un terapeuta de pareja.

4

De familias
y otras criaturas

*Nunca confíes en la gloria de la mañana
ni en la sonrisa de tu suegra.*
Proverbio japonés

Es verdad que la vida comenzó en el mar, pero no por ello debemos morir ahogados. Las parejas no llegan solitarias a nuestra vida. Al abordar el barco, como mencioné en el primer capítulo, traen su equipaje personal, incluidas relaciones familiares y otros afectos importantes. Desde luego, no todas las relaciones cercanas son siempre armoniosas y fluidas. Hay algunas complicadas, ambivalentes y hasta hostiles. Pero las hay cálidas, cercanas, solidarias. En tu caso es igual, tampoco llegas de una probeta, así que tienes familia y personas cercanas que te importan.

Algunos miembros de ambas familias se parecen a criaturas marinas. Unas nos gustan, como sucede con los delfines; otras nos atemorizan, como los tiburones. La cuestión es que cada ser tiene su función, el territorio donde habita y sólo cuando se cruzan nuestros caminos el encuentro puede no ser grato si cometemos errores. El problema no son esas criaturas, sino nuestra relación con ellas. Si insistes en meter la mano en aguas con tiburones, alguno te aventará una tarascada. Pero no es precisamente la distancia física lo que determina la calidad de las relaciones con familiares, sino cómo nos involucramos con ellas y qué les permitimos.

Este capítulo trata de las personas que son parte directa o indirecta de nuestra vida, especialmente en una relación de pareja, y que no siempre resulta fácil tratarlas. Cuñados, hermanos, padres, algunos amigos, suegro y suegra, esta última de tan mala reputación en la cultura popular.

No pretendo de ninguna manera estigmatizar a ninguna figura, ni perderme en estereotipos. Sé que hay muchas personas que se llevan de modo excelente con su propia familia y además con la familia de su pareja. Para ellos no será de mucha ayuda este capítulo, porque encontraron el equilibrio y la manera adecuada de relacionarse. El resto de los mortales, prepárense para estudiar un poco la fauna marina.

Un vínculo muy fuerte

Sería muy simple aquí decir "si tienes problemas con alguien, mándalo al diablo y que no te importe nada". Simple, pero poco realista cuando se trata de la familia. Por ejemplo, los vínculos desde la infancia, especialmente con las figuras parentales, suelen ser muy intensos, para bien o para mal. Al crecer y madurar como adultos sanos, cambiamos esa dependencia por la libertad basada en el respeto y el amor, no en el miedo y el condicionamiento. Nuestros padres se alegran con nuestra independencia y no temen de nosotros abandono ni incapacidad para llevar la vida a nuestra manera.

Pero no todos son tan afortunados; algunos modos de crianza, la personalidad de algunos padres y el temperamento de los hijos, hacen combinaciones explosivas que marcan no sólo la infancia, sino el resto de la vida de quien se ve sometido durante su vida infantil a presiones que un pequeño no soporta. Entonces, los vínculos se desarrollan torcidos, rígidos, difusos. Se crece con miedo, sensación de abandono y condicionados a dar todo y recibir muy poco. No es casualidad que las relaciones establecidas con esos padres sean muy fuertes.

Muchas veces se dificulta fijar límites, especialmente cuando la persona crece en un clima de chantaje emocional donde se intercambia obediencia y sometimiento por aceptación y cariño. Así, se confunde lo sano con lo enfermo. Tú quieres poner límites y te acusan de deslealtad. Quieres ejercer tu libertad y te acusan de rebeldía. No hay modo de satisfacer a quien no se puede dar gusto, pero esto es doblemente trágico cuando, a pesar de ello, se tiene necesidad de hacerlo.

Y un adulto que no pudo escapar de padres controladores o chantajistas, vuelve una y otra vez a pedir aprobación y rendir tributo como el mar con la luna durante la marea alta. Aunque con esto sacrifique su relación de pareja y cualquier cosa que le haga feliz y sus padres no aprueben.

Por otro lado, con la familia de tu pareja no tienes vínculos tan fuertes (al menos al inicio), pero tu pareja sí y eso influye en su relación. Por extraños que te parezcan esos seres, son parte de su relación, al menos de manera indirecta.

¿Qué hacer si su barco es atacado?

Trátese de piratas, ballenas o pulpos gigantes, juntos afronten toda adversidad para que su relación siga a flote. Esto no resulta simple cuando ataca el barco alguien de la familia. No siempre son ataques frontales, incluso a veces se acercan con bandera blanca para luego atacar a traición.

Surge entonces una pregunta para ustedes como pareja: ¿Quién debe defender su relación cuando es "atacada" por algún familiar? Por ejemplo, organizas una fiesta en casa e invitas a tus padres, entre otras personas. Imagina que te enteras de que tu madre contó un chisme o calumnia contra tu pareja. ¿Qué haces?

a. Hablas con tu madre y le pides que sea más discreta, no sea que tu pareja se entere de lo que dice y a ti sin duda se te arma.

b. Hablas con tu madre y le reclamas su actitud, le pides que suspenda esa conducta y dices que no estás dispuesto a tolerar que se exprese así de tu pareja. Si fuera el caso, le pides se disculpe.

c. Haces segunda a tu madre y le echas más leña al fuego, contando una que otra intimidad incómoda de tu pareja. De paso quedas bien con tú mamá al respaldarla y darle más material para sus intrigas.

d. Dices a tu pareja lo que tu madre dijo y le aconsejas que no se deje, que le ponga un alto en ese mismo momento. Si tu pareja se rehúsa a "defenderse" le dices que es muy dejada y por eso todo mundo abusa de ella.

e. Si tu pareja se entera y quiere intervenir le dices que no haga caso, ya sabe cómo es tu mamá y que hagan como si nada hubiera pasado. Es mejor no hacer olas para no causar más problemas.

No quisiera decir cuál debe ser la respuesta adecuada, pero como no sea que creas que es otra, te diré que sólo la opción b), y no otra que la opción b), sería la indicada si deseas fortalecer tu relación, darle un lugar a tu pareja dentro del sistema familiar y ubicar no sólo al infractor, sino a todos alrededor del concepto de que tu pareja es lo más importante para ti.

Sin duda cada uno está en libertad de elegir la respuesta que considere más adecuada, o incluso la que simplemente se le haga más fácil en ese momento. Me queda claro que ni un terapeuta ni nadie nos dirá qué hacer, es una decisión muy personal. La verdad es que cada decisión trae consigo consecuencias; unas nos gustan y otras no, así que con ellas y su resultado aprenderemos a vivir.

No se trata de entrar en conflicto con nadie ni darle la espalda a tu familia, simplemente no aceptas injerencias, ofensas o agresiones, directas o indirectas, contra tu relación o tu pareja. Debe quedar bien claro que un ataque hacia uno de ustedes lo es hacia ambos y hacia su relación, que debe defenderse, incluso contra el mismísimo Neptuno si fuera necesario. ¡Recuerden que van en el mismo barco!

Entre la espada y la pared

Por supuesto, si tus padres fracasaron en su tarea de hacerte genuinamente independiente y equilibrado, seguro en el ejercicio anterior elegiste una opción diferente a la b). Principalmente por miedo o por una lealtad mal entendida hacia las figuras parentales. Quizá creciste en un ambiente de aceptación condicionada y si no hacías lo que se te decía o contrariabas a los seres maravillosos que te dieron la vida, de inmediato, y mediante una mirada fulminante o una amenaza verbal (no para pocos acompañada de un buen moquete), te decían que eras malo, ya no te iban a querer o te regalarían con el policía o el viejo del costal (en nuestro México de hoy ya no sé qué es peor, por cierto). La buena noticia es que creciste y hoy te haces cargo de tu propia vida y tus decisiones. Tus padres poco harán ya para liberarte de un yugo invisible que alguna vez, queriéndolo o no, te ensartaron.

Por otra parte tu pareja confía en ti y si alguien o algo la lastima, buscarás aliarte con ella y con nadie más (a menos de que te cases con algún ser demoniaco, en cuyo caso debes ponerte a salvo). Una pareja no suele decirte "defiéndeme", porque es claro que cada uno es capaz de hacerlo, pero sí espera que le muestres con acciones qué lugar ocupa en tu vida, no sólo por sí misma, sino respecto a otras personas importantes para ti.

El sentido común te dice que como eres el elemento común entre tu familia y tu pareja, debes conciliar y tranquilizar las aguas turbulentas. Tratas de calmar un poco a unos, otro poco a otros y quizá lo logres, pero el triunfo parecerá débil en cuanto a la desproporcionada energía invertida, pues el conflicto no está resuelto. Así que no juegues al Rey Salomón, porque no lo lograrás ni nadie te lo ha pedido. Tus padres desean que les des la razón, pero tu pareja espera apoyo, que la honres y fortalezcas la relación. Lo cierto es que entre tu familia y tu pareja no tendrías que elegir, pues no deberían competir, pero si lo hacen, la elección no se pone en duda.

Costosas "lealtades"

Alguna vez un paciente me compartió algo aprendido de su padre acerca del lugar que una pareja debería guardar con relación a las figuras parentales. Me contó que un día le dijo:

Los hijos conocen primero a los padres, que se sacrifican por ellos cuando son niños. Luego conocen a una pareja y se casan con ella, pero sus padres se hacen viejos y la pareja es joven, así que el mayor tiempo deben dedicarlo a los padres porque cuando mueran y ya no estén, ya no habrá tiempo de verlos. Cuando los padres mueran, entonces sí dedicarle a la pareja todo el tiempo que se quiera, antes no.

No extraña que, si esto forma parte del mito familiar, surjan tantos problemas no sólo en una pareja, sino hasta para relacionarse con alguien. Si todos siguiéramos la filosofía de ese santo señor, acabaríamos sin pareja, cuidando ancianos y finalmente terminaríamos solos y sin hijos que a su vez seguirían esta "bonita" tradición familiar.

Hay herencias y lealtades que cuestan mucho, roles adjudicados que se nos "prohíbe" abandonar bajo pena de ser traidores. Desde niños hacemos sacrificios, incluso a costa de nosotros, para hacerla de "adhesivo familiar" y para que nuestra familia no se desintegre "por nuestra causa". El castigo no es corporal, sino psicológico y emocional, que es más difícil de reparar. Muchos padres olvidan que su objetivo es formar hijos independientes, autosuficientes y felices; algunos van tras el objetivo de hacerlos "gente de bien" a como dé lugar. No es que hagas juramentos explícitos, tu rol fue asignado hace mucho tiempo, a veces antes de nacer, y lo que esperan de ti es que lo desempeñes a cabalidad. El que llegue un intruso (tu pareja) a irrumpir en su vida familiar no les hace ninguna gracia, especialmente si son controladores. Esto es un error; por ejemplo, no podemos acusar a un bebé de ser desleal a la placenta que lo albergó 9 meses al momento de dejarla; ha cumplido su función y ahora da paso a la siguiente etapa en su vida.

¿Qué lugar ocupo en tu vida?

Entonces, la tarea en la vida es progresar y ser felices; despedirse de una etapa previa para recibir a la que viene y reubicar nuestra perspectiva de las personas conforme nos movemos. Los padres eran ídolos, hoy son personas. Los amigos lo eran todo, hoy son parte importante de algo más grande. Los que antes eran desconocidos, hoy son los mejores amigos, y quizá, dolorosamente, alguien en quien confiábamos, hoy se convirtió en nuestro enemigo.

Con la pareja sucede algo parecido; su lugar estaba vacío, hoy alguien lo llena por completo. Pero así como no puedes exigir lealtad, tampoco el lugar que tu pareja te asigne. Aún así es fundamental conocer o entender qué lugar nos otorga dentro de sus prioridades. ¿De qué sirve que me diga que soy lo más importante si sus acciones me demuestran otra cosa?

Imagina círculos concéntricos como anillos. En cada uno se colocan diferentes personas y en el núcleo, a nuestro lado, las personas muy importantes para esta etapa de nuestra vida. Unas entran y otras salen, pero no van del blanco al negro, del todo a la nada, se desplazan de manera dinámica y gradual a través de nuestra vida. Veamos este ejemplo:

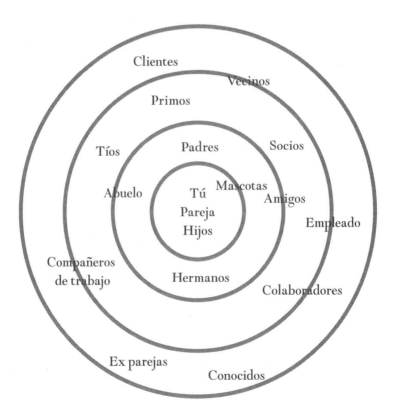

De niños, ocupábamos el centro con nuestros padres y quizá abuelos. Crecimos y los amigos entraron a ese centro, desplazando un poco a las figuras parentales. Luego, llega el momento de tener novio o novia y los amigos son empujados un poco afuera de ese núcleo donde no caben muchos.

No afirmo que el ejemplo de arriba sea la distribución correcta; de hecho, cada uno puede poner estos y otros elementos donde crea conveniente, pero insisto: el lugar que asignes a cada uno determinará en gran medida la calidad de la relación con ese elemento. Una pareja sana espera estar en el centro, sin duda; una con baja autoestima agradecerá figurar apenas en la imagen y una codependiente te diría que la pongas donde tú quieras, mientras esté cerca de ti.

Alguna vez una paciente y yo sostuvimos una conversación acerca de la relación con su esposo, médico de profesión. Fue algo como esto:

— Mi esposo ha sido un hombre muy dedicado a su familia y trabajo, por ese lado no tengo nada que reprocharle; es un excelente padre, un magnífico hijo y un profesionista exitoso, pero a mí como pareja algo me falta. A veces siento que le da lo mismo que esté yo o que no esté; es muy frustrante; me gustaría saber qué lugar ocupo en su vida.
— ¿Por qué no se lo preguntas?
— ¿Cómo? ¿Así nada más?
— ¿Pues de qué manera se lo quieres preguntar? No te sientes a gusto y tienes esa duda que me parece muy válida.

— Yo esperaba que me dijeras que eran figuraciones mías o que como es un hombre muy ocupado, seguro le importo a su modo.

— ¿Esperabas que te dijera eso o es lo que estás desesperadamente deseando creer?

(silencio)...

— ¿Por qué no se lo preguntas?

— ¿Y a poco crees que me dirá la verdad?

— ¿Cuál verdad?

— Pues la verdad, la que sea, pero que sea la verdad.

— ¿Y por qué no habría de hacerlo?

— No sé... ¿para no lastimarme?

— Parece que tienes una certeza disfrazada de duda que se esconde tras el temor. Puedes no preguntarle si no quieres, es sólo una idea.

— No, la verdad sí quiero saber, pero es como una pregunta muy rara, ¿no?

— No es una pregunta de todos los días, es verdad, pero es algo que tú misma te preguntas.

— Bueno, deja lo pienso y a ver qué hago.

— Perfecto.

A la siguiente sesión:

— Sabía que no tenía que preguntarle nada... estoy en shock.

— ¿Qué pasó? ¿Qué te dijo?

— Pues ya no sé si estoy triste, enojada o qué; no sé si verlo como muy honesto y agradecerle o como un cínico y abofetearlo.

— A ver, cuéntame.

— Pues mira, para hacerte el cuento corto, una noche que estábamos tranquilos, cenando solos, se la solté: "¿Oye Rafael, qué lugar ocupo en tu vida?" Estaba acabando su café y sin siquiera quitar los ojos de la taza, ni pensarlo me respondió: "El quinto." Yo me quedé helada, la verdad no esperaba esta respuesta, así que le dije: "¿Cómo que el quinto?, ¿por qué?" Él con toda calma me dijo: "Primero están mis padres, luego mis hijos, después mis pacientes, luego mi profesión y después sigues tú." Me pareció tener sentido, Mario; de repente como que se me quitó una venda de los ojos... como cuando te arde la piel y no sabes por qué y cuando te revisas descubres una cortada (no me extrañaba que utilizara una metáfora médica). Y creo que lo que más me tiene en shock es que me lo dijo tan natural; como si lo tuviera muy claro.

— A lo mejor sí lo tiene muy claro; ¿cómo lo tienes tú ahora con su respuesta?

— No sé, estoy muy confundida, creo que debo pensarlo, asimilarlo. Son 20 años de casados y 25 de relación... nunca me sentí del todo importante para él y siempre lo apoyé; hice de lado muchos proyectos personales... a lo mejor en el fondo lo hice justamente para ocupar un lugar importante o por amor, ya no sé...

Estas respuestas pueden resultar sorpresivas, pero nos damos cuenta de que hubo señales que preferimos no ver, al menos de manera consciente. Ya de que la pregunta ronda por ahí, es que se sospecha. Como vemos en el ejemplo, esta mujer no estaba paranoica con esa duda. Lo sabía, pues.

Relaciones de aguas profundas

No voy a satanizar ni a estereotipar figuras familiares, pero no voy a dejar de lado a un par de dúos que tienen sus complejidades y afectan a la pareja cuando son disfuncionales o competitivas. Me refiero a "madre-hijo" y a "suegra-nuera". Sé que asimismo hay relaciones complejas con suegros y hermanos, por ejemplo, pero las mencionadas son muy intensas y ocasionan serios daños a la relación si no son sanas. De las demás hablaré después de modo genérico.

La relación madre-hijo

Desde hombres con mamitis, hasta quienes no soportan a su madre, pero le permiten casi todo, esta relación tiende a ser complicada si no se establecieron límites sanos. La doctora Terri Apter, psicóloga especialista en dinámica y equilibrio familiar, y profesora del Newnham College, en la Universidad de Cambridge, afirma que la relación madre-hijo es muy distinta a la de madre-hija. Tal vez tiene mucho que ver con la manera en que somos socializados hombres y mujeres, pero al final es una dinámica muy identificada. Por ejemplo, señala que las mujeres tienen más práctica en fijar fronteras con su madre, porque lo hacen desde la adolescencia cuando la madre quiere, directa o indirectamente, imponer su forma de actuar, costumbres y hasta reglas de lo que "debe ser" una mujer. La hija se rebela y le informa a su madre "no somos iguales" y busca su propia identidad. Es la tensión y los intentos de defensa de la hija lo que establece fronteras entre ambas. Es evidente que hay conflictos, pero de ahí resultan reacomodos que perduran toda la vida. Por ello las hijas que viven con su madre más allá de una edad razonable para independizarse, o se someten en obediencia ciega difuminando su identidad, pero acumulando gran rencor que un día explotará, o viven en constante fricción por estas mismas resistencias.

Con los hombres no pasa lo mismo, no entran en competencia porque sus madres no les imponen su estilo y reglas del mundo femenino; no se ven en la necesidad de establecer con sus madres límites, porque no los necesitan. Pero es cuestión de tiempo, con una madre controladora o impositiva, para que ese momento llegue y quizá sucede en una etapa no sólo tardía, sino hasta inoportuna; justamente cuando se da la relación de pareja. Entonces la madre extiende sus amorosos brazos (léase tentáculos) para cuidar y rescatar (asfixiar y controlar) a su "pequeño hijo", casado con una mujer (maldita bruja) que "nada sabe hacer bien" y no merece esa joya que tanto le costó cuidar. Claro, si todo ha ido bien con su propia vida, la nuera fijará las mismas fronteras que estableció con su propia madre en su momento.

Por supuesto, aquí el hombre se topa con un conflicto. Obedece a su madre y desplaza a su esposa o se mete en líos con la esposa y con la madre, porque busca darle gusto a las dos y no satisface a ninguna.

Pensemos en la siguiente conversación de un hombre con su madre (por teléfono) y su esposa (por Whatsapp).

Óscar	Hola má, ¿cómo estás?
Mamá de Óscar	Ay, ya sabes… toda achacosa. Oye, qué bueno que me hablaste; fíjate que la llave del lavabo de nuevo gotea y a mí me mortifica mucho que el agua se esté tirando. ¿Puedes venir al rato a arreglarla?
Óscar	Pero si te la dejé bien el domingo.
Mamá de Óscar	Pues sí, pero ya las llaves están tan viejas y ya ves. No tengo dinero para cambiarlas, mejor me la arreglas de nuevo, ¿sí?
Óscar	Deja le pregunto a Sandy si no hay algo en casa y te aviso ahorita.
Óscar por Whatsapp a Sandy	Oye mi vida, mi mamá quiere que le vaya a arreglar la llave que gotea de nuevo.
Sandy	¿Otra vez?
Óscar	Pues sí, es que su baño ya está viejito.
Sandy	Pero la casa de tu mamá está bien lejos. ¿No te da como flojerita ir hasta allá ahorita?
Óscar	La verdad mucha, pero ya sabes cómo es. Luego me hará su drama de que no le hago caso y así.
Sandy	No, pues entonces como tú veas.
Óscar	No, pues yo te pregunto para ver qué dices tú.
Sandy	No, pues yo qué. El que manejará hasta allá eres tú.
Óscar	¿Entonces voy o no voy? Tampoco quiero que te vayas a molestar por eso.
Sandy	No me molesto. Quiero verte y que llegues a la casa, pero si quieres o crees que tienes que ir con tu mamá, pues qué le voy a hacer. ¿Después vienes a cenar?
Óscar	No sé, ya ves que luego mi mamá insiste en que me quede. Sabes qué, mejor le voy a decir que no puedo y que busque un plomero, aunque yo se lo pague.
Sandy	Como decidas tú. Nomás avísame para saber si te espero o no.

Óscar (llamando a su mamá por teléfono)	Oye má, fíjate que no puedo ir. Ya hablé con Sandy y no quiero que se moleste conmigo si llego tarde a la casa. Si quieres mejor mañana te mando un plomero y yo acá le pago las reparaciones que te haga.
Mamá de Óscar	Ay hijo, me da pendiente que un extraño entre a la casa. ¿De plano no te dejan venir a ti?
Óscar	No es que no me dejen má, lo que pasa es que no quiero que Sandy se moleste porque ya ando a cada rato por allá, pero mira, el plomero es de confianza. Mañana te llamo para decirte a qué hora va.
Mamá de Óscar	Está bien. Espero tu llamada entonces.

Vemos a un Óscar que no puede (o teme) decidir por sí mismo y sin querer crea un escenario de conflicto entre madre y esposa. Con su actitud, hará pensar a su madre que Sandy es un ogro que no lo deja ir a ayudarla porque "se enoja". Además, es verdad que Óscar acabó cenando con Sandy, pero al final, cuando ella se enteró de la manera en que su esposo "resolvió" el conflicto, se enojó con él, porque justamente la coloca en un lugar negativo a los ojos de su suegra y que no corresponde con la realidad. Entonces todo pasó con Óscar:

- Quedó mal con su mamá porque no la ayudó.
- Quedó mal con su esposa, la que además con razón se enojó con él, porque la puso de pretexto ante su suegra.
- Gastó dinero en el plomero y fortaleció su creencia de que Sandy sí se enoja, por lo que seguro en el futuro dirá algo similar.

¿Cuál hubiera sido una mejor solución?

1. Que le hubiera dicho a su mamá "no puedo hoy, lo hago tal día" o de plano un "no puedo, porque prefiero ir a casa con Sandy". Entonces, al otro día le manda al plomero sin más discusión. Es verdad que gasta, pero no queda tan mal con las dos.

2. Que tomara la decisión de ir con su mamá ese día y simplemente le avisara a Sandy lo que iba a hacer, no que acabara pidiéndole permiso para hacerlo y luego echándole la culpa por hacerlo. Claro, si esto fuera constante, haría sentir a Sandy que su pareja la desplaza por la figura de su madre.

Decirle a tu mamá "no puedo" o "no quiero" no significa decirle "ya no te quiero", sino que hoy eres un hombre que puede, y debe, tomar decisiones por sí mismo y en favor de su relación. Ahora bien, adoptar decisiones en favor de algo tampoco implica que vayan en contra de algo más. Es simplemente poner las cosas en orden y asumir prioridades, conforme al esquema mostrado con anterioridad.

Además, asumir la responsabilidad de tus decisiones frente a tu madre, padre o cualquier otro miembro de la familia te hará ganar su respeto (aunque al inicio quizá se sorprendan de tu "rebeldía"); pero, sobre todo, te aportará la admiración y confianza de tu pareja, al saber que la colocas a ella y a su relación en lugar preponderante.

¿Cuál sería la actitud más sana ante una madre demandante? Hacer lo que tu esposa probablemente hizo con su propia madre en la adolescencia (y que también debiste hacer), ponerle límites amorosos, pero firmes. No me engaño y sé que esto para muchos es más sencillo entenderlo que hacerlo. La fuerza que ejerce la madre sobre un hijo se extiende toda una vida cuando hace su trabajo de condicionamiento con gran meticulosidad y todo intento de independencia se tacha de deslealtad. Entonces, quien se encuentra atrapado entre ser un "buen hijo" o ser un "malagradecido" opta por la parálisis buscando una manera de emanciparse del dominio de su madre sin causar conflicto en la relación o provocarse otro problema interno. La famosa "fantasía de cero consecuencias", una vez más en acción. Todo cambio implica movimiento, a veces sismos emocionales, que algunos hacen parecer terremotos y tsunamis. No se trata de lastimar a nadie, pero no nos pasemos la vida buscando la manera perfecta, porque no la hay. Siempre habrá consecuencias y hay que asumirlas. Ya sea por mover las cosas o por dejarlas como están. Uno paga el precio por crecer o permanecer como dependiente emocional el resto de su vida. El primero se paga de contado y se libera uno de la deuda. El segundo es a crédito, con intereses y a pagos mínimos, pero constantes. El capital nunca acaba de pagarse; al "banco" no le conviene perder a un "cliente" tan bueno como tú.

Entre botones y comparaciones

Debido a la influencia de la madre, surgen reproches hacia la pareja que no le corresponden. Peticiones y demandas que, vistas desde afuera, rayan en lo ridículo cuando hablamos de adultos. Veamos el siguiente diálogo:

— Mi vida, se le cayó un botón a mi camisa, ¿te lo dejo para que lo cosas por favor?

— Sí, claro, ahí déjala.

(Pasan unos días).

— Mi cielo, tendrás mi camisa a la que se le cayó el botón.

— Chispas, aún no se lo cosen, perdón. Ponte otra.

— No es posible que te olvides de mis cosas. Cuando tú me pides algo siempre lo hago y siempre que yo te pido algo me ignoras. ¿Y dices que me quieres?

— Sí, perdóname, por favor. La verdad se me olvidó dársela a la señora que nos ayuda para que lo cosiera, pero al rato que venga se la doy.

— ¿Cómo a la señora que nos ayuda? ¿Por qué no se lo pones tú?

— Pues porque es parte de su trabajo, además es un botón.

— Pero yo no quiero que se lo cosa la señora, yo quiero que se lo cosas tú.

— ¿Qué más da quien se lo cosa? Es lo mismo, las dos cosemos bien.

— No es por eso, es que si tú se lo das a coser a la señora quiere decir que no te importo, que no me quieres. Quiero que seas tú quien cosa el botón. Mi mamá siempre cosía mis botones para que no se me cayeran.

Este tipo de actitudes, comparar lo que tu pareja hace con lo que tu madre hacía, o actuar como niño berrinchudo y desvalido no son más que ecos de un niño interior lastimado que busca que lo amen y acepten, señales de aprobación y amor en cada acto que alguien hace, con el temor a ser rechazado, pero con la certeza de que lo será tarde o temprano.

Tengo algo para ti: tu pareja no remplaza a tu madre, no hará las cosas como ella porque no es ella ni lo será. Tu pareja no es tu madre y ni tu madre ni tu pareja son santas o demonios. Son dos mujeres distintas y nada más. Si te sientes subordinado afectivamente a tu madre, con temor a sus reacciones o resentimiento hacia ella o que le debes una gratitud eterna e impagable, bien harías en buscar ayuda profesional cuanto antes.

La relación suegra-nuera

Numerosos chistes, memes, anécdotas e imágenes manifiestan la mala relación suegra-yerno. La suegra como bruja, víbora o diablo. En cambio, no encontramos tantas bromas acerca de la relación suegra-nuera, lo que no deja de ser un fenómeno muy curioso, dado que el conflicto más frecuente e intenso se da precisamente en este último tipo de relación. Incluso un estudio afirma que sólo 15% de hombres tienen conflicto con su suegra, mientras 60% de mujeres declara tener una relación conflictiva con ella. No es porcentaje pequeño. ¿Será que es un tema tan sombrío que ni siquiera se hacen chistes del asunto?

A pesar de estar dentro de ese afortunado 40% que se lleva bien con su suegra, quizá te parezca interesante leer lo que viene a continuación, para ver lo afortunada que has sido hasta ahora.

Un tema de mujeres

Ya cuando hablé de la relación madre-hijo cité los estudios de la doctora Terri Apter de la Universidad de Cambridge: las mujeres desde la adolescencia fijan límites a su madre para establecer su propia identidad. Cuando la relación de pareja comienza y se formaliza, la suegra empieza a hacer "amables sugerencias" sobre cómo decorar, organizar y llevar tanto la casa como la vida de pareja. Entonces se reactiva la alarma que le indica a la esposa: hay un "intruso" queriendo colarse en su vida, pero esta vez en la marital. Y se activan los protocolos de defensa impidiendo que esto ocurra. Tal como sucedió con su madre, pero de modos frecuentemente más sutiles, una mujer sana hará lo que quiera sin oír las "recomendaciones" de la suegra. No porque le quiera llevar la contraria o la odie, sino porque defiende su propia identidad y su manera de formar su propia familia. Su derecho y la razón le asisten; es lo correcto.

Ahora bien, todo quedaría en paz y armonía si la suegra no fuera tan "persistente". Como seguramente se indignó porque, desde su perspectiva, sus recomendaciones fueron "despreciadas", generará resentimiento con la nuera por esa rebeldía y por no aliarse con ella para brindarle a su preciado hijo la vida que merece. No sólo considera a su nuera rebelde, sino necia porque, ¿cómo es posible que siendo una ignorante de la vida desoiga los consejos de una mujer con su experiencia, sabiduría y éxito en llevar una casa y una familia (habría que preguntarle a su marido qué piensa, si vive)? Esta negativa, según ella, la llevará a confirmar sus sospechas; la "muchachita" no está lista y hay que "rescatar" la situación.

Lo que vemos aquí no es una lucha por un territorio, sino por un estatus o posición. ¿Quién es la mujer importante o líder de esta casa?... la pregunta está en el aire, pero la respuesta a todos nos parece obvia, ¿no es verdad? Cada una es la mujer más importante y líder... de su propia casa. Entonces lo dicho se confirma: cuando la suegra se entromete, invade, usurpa un papel que no le corresponde. No puede ser la esposa de su hijo, la madre de sus nietos ni la competidora de su nuera. La fiesta iría en paz para todos si ella se mantuviera como verdadera aliada de la relación; es decir, no acudir si no es llamada. No opinar si no se le consulta y no dar la espalda cuando realmente se le necesite. Por lo demás, cumplió su papel como madre, al menos con ese hijo; ahora debe concentrarse en ser persona, mujer y esposa en su propia casa. Será invitada y bienvenida, si no se mete más allá de lo que se le permita.

Cada quien en su barco

Por eso resulta trágico, a veces hasta terrorífico que, por la razón que sea, una pareja viva de modo permanente en casa de los suegros. Es lamentable cómo esta costumbre prevalece en muchas sociedades. No sólo latinoamericanas, sino tan remotas como la japonesa. El impacto puede ser brutal. Un estudio realizado en 2008 por el doctor Hiroyasu Iso, publicado en el *British Medical Journal "Heart"*, señala que las mujeres que viven en hogares multigeneracionales, en especial con la familia del esposo, muestran niveles más altos de estrés y propensión a padecer de dos a tres veces más enfermedades coronarias que las mujeres que viven sólo con su esposo (e hijos). Curiosamente, ni el estrés ni las enfermedades aparecen en un esposo bajo esta condición. Esto genera una disparidad de percepciones, con los consecuentes conflictos entre marido y mujer. La esposa dirá que ya no aguanta, el marido le responderá que no es para tanto. Muy desafortunado.

Pero aun cuando cada familia vaya en su barco y lleve su rumbo, la pareja debe evitar la intromisión de cualquier intruso, así sea de la propia familia, que ponga en riesgo la estabilidad de su relación, sin importar las buenas intenciones.

Reacción en cadena

El impacto de una mala relación entre nuera y suegra no se limita a las dos. Imagina a todos los involucrados: nietos, atrapados entre dos lealtades o cariños; cuñadas, generalmente del lado de su madre, pero a veces aprovecharán la turbulencia para aliarse con la nuera contra su propia madre; otras nueras, que si se llevan mal con la suegra formarán un frente común. En fin, todos los conflictos imaginables surgirán de aquí. Ninguno resulta conveniente ni placentero. Lo mejor será solucionar el conflicto, algo nada sencillo porque muchas acciones de la suegra se generan bajo una capa de aparente bondad y negación del problema.

Un mensaje en la botella

Si inicias tu papel de suegra con la esposa de tu hijo, y lees este libro, por favor conserva una sana distancia. Confía en ti, en tu papel de madre y en que tu hijo eligió a la persona correcta gracias a las herramientas que tú como madre y probablemente también el padre, le dieron. Esa mujer quizá no hace las cosas como tú, porque no eres tú, como tú no eres tu madre o no fuiste tu propia suegra. Eso no implica darles la espalda cuando te necesiten, pero no esperes que obedezcan cada palabra tuya o cada consejo, aunque lo pidan. Lo que necesitan de ti es tu opinión y experiencia como un elemento para formar su propia vida. Disfruta a tu familia y a la nueva familia que se forma ante tus ojos. Mantente cerca para que puedan buscarte y, si lo necesitan, ofréceles ayuda, pero nada más. Deja que cometan sus propios errores, porque así celebrarán sus propias victorias y eso fortalecerá su relación. No te pido ser una suegra modelo, sólo una mujer cuyo hijo eligió a una mujer y juntos formarán su propia familia. Haz que verte sea un gusto y no un tormento. Si te sientes sola busca un buen terapeuta y hazte cargo de tu propia vida. No olvides que, como ya dije, antes que suegra eres madre, antes que madre eres mujer y antes que mujer eres persona y tienes derecho a buscar tu felicidad, sin opacar la de nadie más.

¿Qué hacer si tienes una suegra conflictiva?

La cosa no es simple. No sólo es ella, importan también los roles que cada uno juegue en ese conflicto y tu manera de involucrarte en el asunto. ¿Recuerdas? Lo mencioné al inicio del capítulo: no es tanto la persona como la manera de relacionarnos con esa persona. No se trata de tenerle cariño si no se da a querer, pero sí busca una relación libre de hostilidades por el bien de todos. Veamos algunas ideas:

1. Mantén la calma

◊ Aunque tu suegra pase el dedito por la mesa del comedor encontrando motas de polvo con una sonrisita socarrona y tú tienes ganas de azotarla contra las sillas, respira. Mientras la hostilidad no sea directa, no le des el gusto de que te saque de tus casillas. Muchas personas buscan provocar enojo para luego reprochar tu actitud o señalarla a los demás.

◊ No soy partidario de "poner la otra mejilla" (sea lo que sea que eso signifique), pero tampoco del famoso "ojo por ojo". Así que si nadie te toca la mejilla no habrá ofensa, ¿cierto? El que alguien tire manotazos al aire o dé "patadas de ahogado" no es tu responsabilidad ni algo que tú debas solucionar.

◊ No debes tragarte tu coraje, sólo pregúntate por qué es tan importante para ti eso que tu suegra hace o dice, o si te empeñas en darle gusto a como dé lugar. Si no le gusta el polvo que no vaya a tu casa.

2. El derecho a opinar

◊ Recuerda que no es lo mismo opinar que saber. Si tu suegra está en desacuerdo contigo sobre algún tema, eso no te obliga a convencerla o reeducarla, por más irracional que sea su postura. Con las suegras, o con cualquier otro ser, debemos aprender a convivir a pesar de estar en desacuerdo con ellos.

◊ Eso sí, nunca le des la razón por quedar bien. Es mejor establecer tus opiniones y posturas con claridad desde un inicio. No dejes de ser tú por nada ni por nadie, si es que ese modo de ser va de acuerdo con tus valores y te ayuda a convivir mejor con los demás.

◇ Escucha sus consejos y sigue los que convengan a tu nueva familia. Por ejemplo, si cocinas y ella se acerca para decirte que le pongas más cúrcuma a un guiso, amablemente dile "suena interesante suegra, tal vez la siguiente vez lo haga así, pero ahora dejaré la receta como yo la aprendí".

3. Límites claros y fronteras firmes.

◇ Jamás permitas algo que no toleres el resto de tu vida. Nunca es tarde para establecer límites, pero si lo haces desde el principio, las cosas irán mucho mejor.

◇ Aun así, si tu suegra se entromete, practica varios: "No gracias", "prefiero no…", "esta vez no" y un firme: "De verdad no, gracias…"

4. No sufras en soledad.

◇ Si las cosas rebasan los límites tolerables, dile a tu pareja qué sientes. Hazle saber con hechos puntuales, sin exagerar, lo que pasa y, si es el caso, que no le habías dicho nada porque pensabas manejarlo mejor, pero ya no puedes.

◇ Evita darle instrucciones del tipo "habla con tu madre de inmediato". Sólo dile tu sentir y pídele consejo o ayuda. Si su respuesta es "no le hagas caso" o "ya sabes cómo es mi mamá", respóndele que lo intentaste y si ahora se lo dices es precisamente porque eso ya no funciona.

◇ Evita atacarla o criticarla directamente. Eso provocará que su hijo la defienda. No digo que te hagas la víctima, pero sé muy sincera al expresar cómo te sientes y lo que pasa.

5. Recuerda que tú tienes un poder.

◇ Si bien no controlas las conductas y reacciones de otras personas, sí decides lo que harás y cómo vas a reaccionar. Si las emociones toman control absoluto de tu mente y tus actos y explotas o rompes en llanto ante los embates de tu suegra, busca ayuda profesional para identificar con qué te conectas en este conflicto y diseñar estrategias que canalicen mejor tus emociones y respuestas.

Otras criaturas conflictivas

Como mencioné al inicio del capítulo, el conflicto se genera no sólo en las relaciones madre-hijo/suegra-nuera. Una de pareja puede rodearse con la bendición de aguas calmas y sol brillante, pero otras navegan en aguas infestadas de seres dañinos. Hermanos, cuñados, amigos, padres o parejas previas pueden poner en peligro su relación. No se trata de dañar a ninguna de estas personas; al final están en su hábitat, simplemente hay que ponerse a salvo de ellas y dejar que sigan su camino. No obstante, si insisten y fuera el caso, recuerden que su barco y su relación están primero.

Oídos a tu pareja

Salvo que te cases con una versión moderna de algún Borgia, cuando tu pareja tenga algo que compartirte acerca de alguien y lo que cuente te parezca increíble, paranoico, exagerado, piénsalo dos veces. Tampoco se trata de batirte en duelo con nadie, pero sí escucha lo que tu pareja te dice. Insisto, por increíble que parezca, alguien que crees incapaz de algo, quizá resulte bastante más capaz de lo que pensabas. No es el caso, pero muchos abusos sexuales infantiles los cometen personas cercanas al menor y no desconocidos. Con frecuencia esto queda impune porque, si lo dijo, nadie creyó al niño lo que ocurría.

Amigos comunes, hermanos y otras personas pueden acercase a tu pareja con fines ajenos a los límites de la relación o ejecutan actos deshonestos. Muchas veces una pareja guarda silencio por miedo a lo que vendría. Pensamientos del tipo "es su hermano, cómo le voy a decir lo que pasó...." Es muy importante que en su relación haya libertad de hablar de cualquier tema y credibilidad como primera reacción. Es evidente que una pareja sana y equilibrada no gozará con crear chismes entre las familias, pero si algo se revela, debe atenderse formando un frente común.

Por otra parte, si alguien revela algo de tu pareja que dañe su imagen, reputación, incluso la relación, dale oportunidad de explicarse y acepta su inocencia hasta que se demuestre lo contrario. No te hagas cómplice de nadie que afirme "te voy a decir lo que sé de tu pareja, pero por favor júrame que nunca le vas a decir que fui yo quien te lo dijo". Salvo que consideres a esa persona un "testigo protegido", porque tengas la certeza de que lo que dice es cierto, tu lealtad es con tu pareja y prestarte a chismes en su contra es hacer agujeros en el casco de su nave. La relación acabará por hundirse.

Alianzas piratas

Así como no deseas ni deberías elegir entre tu pareja y tu familia, nadie puede obligarte a formarte en el bando que no quieres. Una pareja preocupada por ti no te pedirá alejarte de tu familia o viceversa. Pero a veces alguien resulta más familia que la propia. Me refiero a que alguien se alía con su familia política para lastimar, guardar secretos o sacar ventaja de su propia pareja. Por ejemplo, supón que eres muy amigo de tu cuñado y él, bromeando, dice lo siguiente de tu pareja:

Me acuerdo cuando Lupita llegaba de la prepa bien borracha, pensaba que mis papás no se daban cuenta pero toda la casa olía a trago, y ahora se quiere hacer la que no toma. ¿Estás jurada o qué hermanita?

¿Qué haces?

a. Le pones un alto a tu cuñado y le dices que no hable así de tu pareja.

b. Sueltas la carcajada y cuentas a todos un par de anécdotas acerca de tu pareja cuando en una fiesta bebió un poco de más y por poco se cae en el pastel o que un día dejó las llaves dentro del auto.

c. Guardas silencio y simpatizas con el estado emocional de tu pareja ante ese comentario; es decir, si se ríe, tú también; si se queda seria, también tú, porque confías en que ella sabrá poner un alto si lo decide.

Salvo que la ofensa fuera muy grave, debes optar por la opción c). Si tu pareja te pide intervenir, y no veo por qué habría de hacerlo ante un hermano, ya decidirías cómo proceder según lo que te solicite.

En general, a la gente le gusta que su pareja se lleve bien con su familia, pero frecuentemente causa desagrado sentir que es desplazada en alguno de sus círculos importantes. Si alguien de tu familia política se lleva muy bien contigo, incluso mejor que con tu pareja que es de su propia sangre, tu tarea es siempre incluir a tu pareja en todo momento en cualquier decisión o resolución de importancia. Guardar secretos a tu pareja no es buena idea, menos cuando te alías con alguien de su propia familia.

Imaginemos otro caso: tu suegra quiere decir algo muy importante relacionado con tu esposo (su hijo), pero él no debe enterarse y tú prometer, casi jurar, que serás como una tumba. ¿Qué respondes?

a. A mí no me diga nada, yo no le guardo secretos a él bajo ninguna circunstancia. Prefiero no enterarme.
b. No prometo guardar silencio hasta saber de qué se trata. Si me quiere contar, adelante, pero una vez que me lo diga yo decidiré si guardo ese secreto ante mi esposo o no.
c. Dígame suegrita, le juro que mis labios quedarán sellados.

Difícil decisión. Puede ser algo tan trivial como una fiesta sorpresa para su cumpleaños o tan serio como que es adoptado y no lo sabe. Bajo este supuesto, yo optaría por la opción b).

Repito, tu principal alianza es con tu pareja. Las alianzas piratas, como los secretos familiares, atan nuestros pies con pesadas lozas que acabarán por ahogarnos en el fondo del mar.

¿Otra vez con tu familia?

No quiero terminar este capítulo sin mencionar un hecho en apariencia insignificante pero bastante común en nuestras sociedades. Los fines de semana, algunas vacaciones y en festividades de fin de año, un gran enemigo de las relaciones de pareja es la rutina y el aburrimiento. La creatividad, romper rutinas y compartir momentos gratos entre ambos o con la familia formada, es fundamental: no sólo se generan vínculos sino recuerdos propios, lo que fortalece el sentir recíproco.

¿Qué pasa cuando la rutina de las familias de origen irrumpe en la vida de la pareja? Salir en Semana Santa todos juntos a Acapulco, al mismo hotel, comer en los mismos restaurantes las mismas cosas de todos los años; ir todos los domingos a ver a la abuelita y, cuando muere, visitar a la mamá en largas rutinas de yo llevo los refrescos, tú la ensalada y otros los eternos pollos rostizados. Comer, ver el futbol y dormitar en aras de la "convivencia familiar". Navidad con tu familia, Año Nuevo con la mía y la familia condenada a no crear su propio ritual hasta que las familias de origen se desgranan cuando los ejes, que son padres y madres, mueren. Y no pocas veces algún hermano mayor decide conservar las tradiciones mediante convocatorias y llamadas a mantenerlas. No está mal, la familia es importante, pero preguntémonos un par de cosas: si lo hacemos por rutina, lealtad o por el gusto de hacerlo; si nuestra pareja está de acuerdo y las acepta estoicamente por la armonía familiar aunque, tras pedir hace mucho un cambio, nunca fue escuchada.

Las parejas nuevas no tienen que romper con sus familias de origen, pero sí elaborar sus propios hábitos y rutinas a su modo y conveniencia. Entonces, vamos a veces a ver a la abuelita y otras no. Vamos todos en bola en Semana Santa y quizá en Navidad pasemos un rato con cada familia, pero disfrutemos Año Nuevo nosotros y nuestros hijos en algún lugar vacacional o en nuestra propia casa para forjar nuestros rituales personales. Esto es sólo una reflexión, cada uno decidirá cómo y de qué manera vive las clásicas rutinas familiares.

¿Qué vimos en este capítulo?

- Las relaciones de una nueva pareja no están libres de las relaciones con las propias familias y las políticas.

- Sin ser los únicos, los vínculos que más influyen en la relación de pareja son los de madre-hijo y suegra-nuera. Si no son bien manejados crean serios conflictos en una nueva relación.

- Aliarse con la familia política, aun en cosas inofensivas, a espaldas de la pareja, resulta contraproducente. La lealtad primera es siempre con tu pareja y ser cómplice de secretos familiares sin que tu pareja lo sepa le hará sentirse doblemente traicionada si lo oculto se revela.

- Las lealtades mal entendidas y las rutinas familiares rígidas deterioran una relación. Las parejas deben forjar sus recuerdos y rituales sin depender por completo de sus familias de origen. Hacerle espacio a la nueva familia en fechas significativas fortalece los vínculos entre ambos.

Radiografía familiar

Dediquen tiempo a la siguiente dinámica. Recuerden que es un ejercicio para conocerse mejor y escuchar a la pareja. Si no se sienten listos para hacerlo, son de "mecha corta" o "piel delgada" respecto a los temas familiares, evítenlo, pero procuren hablar de esto en algún momento. Si se evita es por algo y lo mejor sería buscar ayuda profesional para abordar el tema antes de que algo suceda.

- Cada uno diga 3 cosas que le encantan de su propia familia.
- Cada uno diga 3 cosas que no le gustan tanto de su propia familia.
- Cada uno diga 3 cosas que le encantan de su familia política.
- Cada uno diga 3 cosas que no le encantan de su familia política.
- Ahora cada uno complete las siguientes frases:
    - ◇ Mi personaje favorito de tu familia es:_____
    - ◇ Porque:_____
    - ◇ Mi personaje menos favorito de tu familia es:_____
    - ◇ Porque_____

A partir de sus respuestas abran conversaciones. Recuerden que son opiniones y puntos de vista de cada uno en los que pueden o no estar de acuerdo.

Nuestros nuevos rituales

Este ejercicio es para parejas con rutinas repetitivas cada fin de semana, vacaciones o celebraciones especiales y no están tan a gusto con ellas.

1. Hagan una lista de las fechas con rutinas repetitivas. Pueden ser domingos", "Semana santa" o "Navidad".

2. Escriba cada uno tres opciones de lo que le gustaría hacer, si ello no trajera consecuencias negativas en cada fecha (por ejemplo, si leen esto un 26 de abril, qué les gustaría hacer el siguiente domingo, en las próximas vacaciones de verano y en la siguiente Navidad).

3. Comparen sus propuestas y hablen sobre ellas. Valoren pros y contras y encuentren soluciones a posibles problemas.

4. Elijan una opción en alguna de esas fechas o en todas, si lo desean, con la que ambos queden satisfechos y hagan el compromiso de llevarla a cabo. Planeen desde cómo decirlo al resto de la familia hasta lo que harán, como su pequeña travesura cómplice.

5. Si les provoca angustia modificar esas rutinas, revisen la relación con la familia de que se trate y vean qué temor les produce el cambio ¿Miedo a traicionar? ¿O a las reacciones o reclamos de alguien?

CAPÍTULO
5

¿Qué nos mantiene a flote?

Una buena negociación descubre qué ofrecer a otra persona que valga más para ella que para ti y qué te ofrece la otra persona más valioso para ti que para ella.

Sebastián Marshall, *Ikigai*

No es lo mismo estar, que saber estar o disfrutar la estancia. Las relaciones de pareja son sistemas complejos, no necesariamente complicados, que requieren de muchos elementos para funcionar bien. Antes se pensaba que el amor era suficiente para mantener una relación a flote, pero las evidencias de los expertos nos sugieren que el amor, al inicio de una relación, es espontáneo, natural y se parece más a un impulso. En una de largo plazo es más bien resultado de todas las interacciones entre dos personas. Si son positivas, el amor crece; si no, inevitablemente se acaba. Tal como sospechábamos, el amor requiere ser alimentado o entra en hibernación, a veces por años, hasta que ve una salida y entonces marcha hacia nuevos horizontes.

Es verdad que un buen barco no se hunde a la primera; son resistentes pero no indestructibles. Lo lamentable es que muchas parejas no ven que el barco se les hunde hasta que les llega el agua a la nariz y no pueden respirar. Sin duda una infidelidad, o cualquier deslealtad, puede terminar con una relación de manera súbita, como si fuera un choque contra un iceberg, pero la mayoría de las rupturas resultan de un deterioro y hundimiento gradual. Igual que en el caso de un barco, si no se le da mantenimiento, la madera se pudre y el metal se oxida.

No obstante, el mantenimiento no será superficial o cosmético; no se trata nada más de flotar y quedar bien ante los ojos de los demás. Recuerden que hay barcos que ya no navegan y permanecen anclados al muelle como piezas de museo; si bien sirven para un propósito, no es para el que fueron creados: navegar. La gente los mira por fuera relucientes pero ya no están vivos y son el recuerdo de lo que fueron, ocultos tras las apariencias. Una relación saludable no sólo flota en aguas poco profundas, también navega en altamar, por el océano de la vida, y con rumbo, estabilidad y suavidad.

Con el amor no basta

Recordemos que el amor es un componente fundamental en una relación de pareja, pero no el único ni el más importante. Es estupendo para iniciar una relación y mantenerla con interés recíproco durante más o menos cuatro años, tiempo en que la química del cerebro retorna a la "normalidad" y el amor romántico se transforma en algo menos espectacular e intenso para dar paso a una decisión; el compromiso.

Justo este otro componente de la relación, el compromiso, junto al amor, al romance y a la intimidad, establecen la calidad de una relación y nos plantean un cuestionamiento: "¿Me quiero ir o me quiero quedar en esta relación?" La respuesta no siempre es nítida y a veces tiene un poco de ambas posibilidades. Pero la que se elija nos debe quedar más o menos clara. Si me quiero ir, ¿qué me falta o qué más busco y no obtengo? Si me quedo, ¿cuáles son las cualidades positivas de mi relación y mi pareja, que para mí la hacen tan valiosa para conservarla de manera indefinida?

Imaginemos que fuera posible mantener una relación "sólo por amor". Un ejemplo de esto sería una mala relación llena de conflictos, dudas y pleitos, en que el costo de la convivencia sea muy alto, pero piensan "a pesar de que mi vida al lado de esta persona es un infierno, me quedo porque la amo". Le podrás llamar como quieras (recuerda que con una baja inteligencia emocional cuesta darle nombre preciso a lo que uno siente), pero bajo ese supuesto, más que amor sería necesidad, miedo a la soledad o dependencia emocional de la pareja. Una relación condicionada por el miedo o la necesidad ya no es libre y se convierte en una prisión, donde el chantaje emocional es la moneda de cambio.

¿Qué es el compromiso y de qué está hecho?

Entendemos el compromiso como la decisión de quedarse en una relación. No es algo que se haga por, hacia o frente a otro, sino algo que uno decide hacia algo o alguien. Es más una intención razonada convertida en voluntad y acciones. ¿Qué nos lleva a la decisión personal de comprometernos?

La fallecida doctora Caryl Rusbult, psicóloga social de la Universidad de Carolina del Norte en los Estados Unidos y de la Vrije Universiteit, en Ámsterdam, nos dejó como parte de su legado profesional el desarrollo de una importante teoría conocida como de la interdependencia. Básicamente nos dice que las relaciones de pareja son de intercambio social, que el amor totalmente "desinteresado" no es algo tan real en una pareja sana y todos buscamos algo de alguien y de una relación. No se trata de ser puramente "interesados", pero sí de ser felices, que al final es el interés de todos, ¿o no?

Bueno, pues para hacer el cuento corto, la doctora Rusbult nos dice que hay tres razones por las que una persona se compromete voluntariamente en una relación de largo plazo. Son las que hacen que nos quedemos o nos alejemos de una relación de pareja y son:

- Alta satisfacción
- Bajas alternativas
- Alta inversión

En el siguiente esquema vemos más gráficamente esta relación.

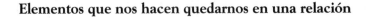

Elementos que nos hacen quedarnos en una relación

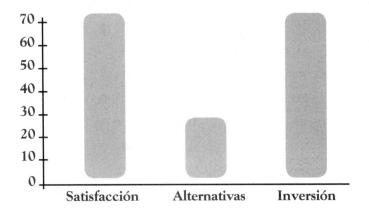

Quiero recalcar que ni la doctora Rusbult ni yo expulsamos de esta ecuación al amor. Sé que a muchos le hace ruido esto de que el amor no sea la razón principal para quedarse, pero es mejor ser realistas si deseamos entender bien la mecánica y dinámica de las relaciones de pareja. Cualquier otra explicación, por razonable que parezca, no es sino parte del sentido común y de una idealización con la que hace muchos años envolvimos a las relaciones de pareja para hacerlas más llevaderas. Además, si quieren verlo así, el amor está incluido tanto en el primer elemento, como en el tercero; es decir, en la satisfacción y la inversión; en recibir y en dar. Pero veamos a detalle a que se refiere cada elemento:

Alta satisfacción: lo que obtenemos

Uno invierte en una relación, eso que ni qué, y deseamos que esa inversión nos dé beneficios; al menos más que los costos de compartir nuestro tiempo y otros recursos. A una relación entramos con expectativas, conscientes o inconscientes, favorables o desfavorables. Y las desarrollamos a lo largo de la vida, con lo que observamos, aprendemos y experimentamos en distintas relaciones; se convierten en nuestro nivel de comparación, la base de lo que esperamos.

Si las expectativas favorables se cumplen y las desfavorables no, entonces esa relación estará encima de nuestro nivel de comparación y nos sentiremos a gusto en la relación. Pensamos que tomamos una buena decisión al elegir a esa persona. Es obvio que si la calidad de la relación está por debajo de nuestro nivel de comparación, ya no nos gusta y pensamos en irnos, o al menos en que ya no estamos a gusto ahí.

Imaginen una relación de pareja donde la constante sean los pleitos, la desconfianza y los celos; con momentos buenos y de tranquilidad, pero en poco tiempo regresan las tormentas. Una relación así no será muy satisfactoria y cuesta mucho sobrellevarla. Entonces por la cabeza pasa la idea de decir "hasta aquí".

Cada uno tiene diferentes expectativas y nivel de comparación, así que no hay una lista de cosas que proporcionen alta satisfacción a todas las personas, pero en general buscamos lo que para nosotros sea valioso y nos permita cubrir, al menos, 70% de nuestras necesidades emocionales. Por supuesto, habrá quien espere y se conforme con menos, pero la idea central es que no inviertas 70 y saques 20, ¿me explico?

De hecho, este factor, de los tres, es quizá el más importante para quedarse, incluso a pesar de que los otros dos puedan no estar en niveles ideales.

Si tuviera que resumir la "Alta satisfacción" en una frase breve, diría que es básicamente lo que obtienen de su relación de pareja y los deja a gusto, satisfechos, felices y por ello no se quieren ir.

Pero para quienes busquen una pista más clara, la doctora Helen Fisher señala algunos factores que generan esta satisfacción en muchas personas: relaciones sexuales regulares, creatividad para evitar caer en rutinas y mantener contacto físico cotidiano, como abrazarse, besarse y tomarse de la mano. ¿Queda más claro así?

Baja calidad de alternativas: nuestras opciones

Como he dicho, una relación de pareja es una forma de compartir y satisfacer necesidades. No es la única manera y por eso hay quien encuentra opciones en estar soltero o soltera, terminar una relación y empezar otra con la esperanza de que esta vez sí sea "la buena", dedicarse a la familia o encontrar satisfacción a través del trabajo.

Es a lo que se refiere el segundo factor: a pesar de buenas opciones para ser feliz, conservamos una relación porque es lo mejor de todo lo bueno que nos rodea. No se trata de quedarse porque "de Guatemala a Guatepeor prefiero Guatemala". Tampoco porque tu relación sea lo mejor del mundo, pero lo que importa es que tú lo crees así.

Ahora cobra más sentido lo que dije del factor anterior, la satisfacción, y por qué quizá sea el más determinante de los tres factores. Si estás completamente satisfecho no piensas en irte, no importa cuántas opciones tengas. Pero si no somos felices, pensamos en otras posibilidades que nos ofrezcan mayor satisfacción. Si las encontramos, nos marcharemos. Si no, quizá tengamos que aguantar "porque no nos queda de otra".

Mantener una relación insatisfactoria por falta de opciones es lamentable y no es la mejor razón, pero muchas parejas lo hacen por distintas causas. Una persona con baja autoestima soporta que la maltraten porque nadie más "la quiere". Alguien que no trabaja porque no sabe hacer nada y hay hijos que mantener, también podría quedarse. Callejones "sin salida" o salidas que no se asumen por miedo o inseguridad.

Quiero resaltar que cuando me refiero a opciones no sólo se trata de establecer otra relación. No comulgo con la idea de que "un clavo saca otro clavo". Al menos para una persona emocionalmente madura, hay opciones para ser feliz y no sólo a través de una pareja. Ante una relación poco satisfactoria y altamente costosa es mejor estar solo, enfocar las energías e intereses en uno mismo, el trabajo, socializar más o incrementar y fortalecer los lazos de amistad con otras personas.

En resumen, tener pocas opciones nos hará persistir. Si eso se acompaña de una relación satisfactoria, estupendo. Pero si no, quedaremos atrapados en un laberinto sin fin.

Alta inversión: lo que depositamos

Todos invertimos en una relación. Unos más, otros menos, pero al final queremos buenos dividendos. Ahora bien, según esta teoría, mientras más invertimos menos saldremos de ella por lo valiosa que nos resulta o el temor a perder lo invertido. Y conste que con inversión no me refiero aquí sólo a dinero o bienes materiales, sino a otros factores tan o más importantes: tiempo, esfuerzo para adaptarse, emociones, expectativas, información personal y hasta el sentido de identidad depositado en la relación. Otros elementos externos que también se involucran son amigos comunes (y los propios que se volvieron comunes): relación entre las familias, el estatus social que la relación ofrece, etcétera.

En pocas palabras, uno invierte en lo que valora o cree que le dará intereses. También se cuida más en lo que se invierte y se teme perder.

No pocas veces se piensa que resulta más caro divorciarse que conservar una relación insatisfactoria, lo que resulta una muy mala inversión. Un argumento muy socorrido por algunas personas cuando su pareja les dice que desea terminar es:

"¿Cómo, después de tantos años me dejas? ¿Lo que yo siento no te importa?, ¿y el compromiso?"

Primero debemos aclarar que una persona no te "deja" ni te "abandona", sino que decide irse. Tú, a partir de esa decisión, puedes seguir tu propio camino o quedarte en los cimientos de tu relación a lamer piedras. También debemos recordar que un compromiso no es una condena de por vida para tu pareja ni para ti.

En el ejemplo anterior vemos que quien recibe la noticia defiende de inmediato lo que invirtió: tiempo, emociones y expectativas. No en balde muchas veces se quiere "castigar" a quien nos "traiciona", haciendole "pagar" su fechoría.

Como no puede devolvernos lo intangible, queremos cobrarnos "a lo chino", quedarnos con la mayor cantidad de bienes materiales o hasta emocionales (como los hijos). De algún modo buscamos una indemnización.

Pero más allá de que siempre perdemos algo al terminar una relación, muchas veces debemos tomar una decisión; seguirle invirtiendo a algo que ya convertimos en un hoyo negro o tomar nuestras pérdidas y marcharnos para no perder más, al menos años de vida y tranquilidad. Hay quien busca ser compensado y decide seguir hasta que le "haga justicia la revolución". Insisto, es una mala apuesta. Cuando pierdes buscas recuperar al menos el dinero con el que llegaste; no te das cuenta que mientras más juegas, más te hundes, como en un casino. Ni siquiera los juegos de azar son enteramente de suerte, sino de probabilidades. Una relación de pareja que ya no funciona difícilmente resurgirá ni con limpias, tréboles y patas de conejo.

No propongo que dejes tu relación y te quedes con tus pérdidas cuando ya no te sientas a gusto. Pienso que primero habría que intentar opciones para reparar los daños y ver si saldremos a flote para navegar. Pero muchas veces resulta más caro y habría que valorarlo. Por cierto, los restos del Titanic, no los han sacado del fondo del mar por el estado en que se encuentran y lo caro que resultaría hacer algo así. Por eso sólo sacaron cosas sueltas.

El resumen de este tercer elemento, la alta inversión, es: todo lo que depositas en la relación se convierte en parte de ella. Mientras más invertimos en ella más la valoramos o más nos duele dejarla.

¿Cuál es la mejor combinación?

Pensando en los tres elementos hay varias combinaciones que diversos resultados. Veamos:

Satisfacción	Alternativas	Inversión	Posible resultado
ALTA	ALTAS	ALTA	Es una buena combinación, pero podría ser inestable. Seguro te quedas, pero el riesgo es que baje la satisfacción o sientas que tu pareja deja de invertir, porque entonces pensarás en irte, pues tienes buenas alternativas cerca.
ALTA	BAJAS	ALTA	Es el mejor escenario y el que según los investigadores mejor funciona para un compromiso sólido. Estás a gusto en tu relación, no ves mejores opciones y ya invertiste, por lo que quieres cuidar lo logrado.
ALTA	ALTAS	BAJA	Parece buena combinación, pero suele ser frágil y un tanto superficial. Te la pasas padre, pero como no le has invertido, no hay nada que te arraigue. Recordemos que todas las relaciones tienen altas y bajas; bajo este escenario, cuando las cosas no van bien piensas en irte, pues no tienes necesidad de aguantar nada con buenas oportunidades afuera.
ALTA	BAJAS	BAJA	Es un escenario muy poco usual. Generalmente cuando estás bien en tu relación le inviertes más o menos a la par; pero si se diera el caso, igualmente es una relación frágil que requiere mantenerla constantemente al alza. Te quedas un poco más de tiempo que con la combinación anterior, porque en este caso no tienes muchas opciones buenas y quizá aguantes las sequías; pero a la larga, si las cosas no son como te gustan, saltas por la borda.

Satisfacción	Alternativas	Inversión	Posible resultado
BAJA	ALTAS	ALTA	Con esta combinación es altamente probable que la relación no sea nada buena y se acabe, a menos que seas de los que no les gusta "perder". Bajo este supuesto es verdad que invertiste mucho pero también que tienes buenas opciones si decides terminarla. Muchos prefieren perder lo invertido buscando rehacerse y ganar a futuro, antes que seguir perdiendo. Otros, en cambio, se aferran a la espera de un milagro o buscan recuperar lo invertido.
BAJA	BAJAS	ALTA	En esta relación vives con insatisfacción, pero como no tienes muchas opciones y le has invertido mucho, pues te quedas. Es una relación muy sufrida y de resignación. Quien la vive espera un golpe de suerte, que el viento cambie a su favor. Hay otros más activos y salen de "pesca" para sobrellevar el viaje. Se enganchan del trabajo, un pasatiempo personal o de plano se encuentran un amante. Es también el tipo de relación en el que se encuentran mujeres maltratadas o abusadas, frecuentemente argumentan que se quedan "por los hijos", "por amor" o "porque no les queda de otra".
BAJA	ALTAS	BAJA	No hay relación sana bajo este esquema. Si alguien se queda ahí seguro es por lástima o algo peor. Quizá un masoquista o un dependiente. La casa está en llamas, ya no hay nadie ni nada de valor, estás frente a la salida de emergencia y te quedas esperando algo. Para mí es uno de los peores escenarios posibles.

Satisfacción	Alternativas	Inversión	Posible resultado
BAJA	BAJA	BAJA	Muy parecido al caso anterior, sólo que no hay salida de emergencia. Aun así, si todo está perdido, convendría salir de ahí antes de que sea tarde. Sé que no ves muchas opciones pero quedarte seguro te quemará. Es un riesgo que valdría la pena tomar. Un brinco a ciegas, un salto de fe hacia tu propia vida.

Cuatro cosas que hacen las parejas que duran mucho tiempo y felices

Si bien no hay fórmulas o recetas infalibles, hay coincidencias entre las parejas que duran mucho tiempo juntas y se ven a sí mismas felices. En 2012, el doctor Daniel O'Leary, de la Universidad de Nueva York, publicó en el *Journal of Social Psychological and Personality Science*, un estudio que describe los factores comunes en parejas que tienen 10 o más años de buena y satisfactoria convivencia. Seguro algo hacen bien. Conozcamos algunos de esos factores y ustedes verán si es algo que podrían hacer:

1. Piensan frecuente y positivamente acerca de su pareja y la buscan

◊ A lo largo de un día cotidiano tu pareja aparece en tu mente en distintas ocasiones. Puede ser un simple pensamiento de "qué estará haciendo", mirar algo que le gusta, pasar por un lugar que te trae recuerdos positivos y compartidos. No ignoran sus defectos, todos los tenemos, pero se centran más en las cosas que les gustan de cada uno.

◊ Un segundo aspecto es estar en contacto. No sólo se piensan mutuamente, sino que a través de mensajes, llamadas o redes sociales saben qué hace o dónde está su pareja. No se trata de algo obsesivo para "checar" al otro, sino más bien el gusto de saber de su día y entrar en contacto para un "te quiero".

2. Pasan tiempo juntos, conectados y lo disfrutan

◊ Trabajo y preocupaciones siempre hay, pero las parejas más duraderas deliberadamente buscan tiempo para estar juntos y aprovechar los pequeños momentos para contactarse o verse. Algo muy importante es realizar actividades nuevas y emocionantes para ambos; como una complicidad que disfrutan. Insisto, no estar por estar, sino involucrarse con lo que hacen y además el uno con el otro mediante cada actividad.

3. Las demostraciones físicas de amor están presentes

◊ Las parejas del estudio decían que, aun después de muchos años, su pareja les "encendía". Específicamente dijeron que cada toque o caricia les hacía sentir un cosquilleo excitante. No se trata exclusivamente de una excitación sexual, sino como un cosquilleo de enamoramiento. Además, son frecuentes las pequeñas demostraciones de afecto físico como tomarse de la mano, un beso sin razón aparente o acariciar la mejilla del otro cuando conversan. Por supuesto, también tienen relaciones sexuales con la intensidad y frecuencia que los complace, pero en su relación hay mucho más que eso en cuanto al aspecto físico y de contacto.

4. Son felices y apasionados por la vida

◊ Nuestra felicidad personal y nuestro entusiasmo por lo que hacemos influye directamente en la calidad de nuestras relaciones. Claro, como estos elementos tienen que ver con la personalidad, pensemos en ellos como algo valioso que aportar. Las personas felices y apasionadas llevan esos sentimientos a su relación. En este caso, si ronda el pesimismo, la negatividad o la apatía, sería buena idea hacernos cargo de manera individual en arreglar eso con un buen psicoterapeuta antes que eso contagie nuestra relación.

No parecen cosas tan complicadas cuando se toma la decisión de establecer un compromiso. De hecho, las personas del estudio mencionado no eran conscientes de que hacían todas estas cosas que los mantenían unidos y felices; era normal para ellos y lo que deseaban. Aun así, empecemos a practicar nuevos hábitos, es lo que hacen las personas a las que les va bien, y ver si nos funciona. Pienso que si una relación es buena para ambos, quizá no haya necesidad de cambios, pero si algo se puede mejorar, no veo por qué no intentarlo. Ya ven, pensaban que el Titanic nunca iba a hundirse y no tomaron las medidas necesarias ni pusieron suficientes botes salvavidas. Creo que no sobra nada con tal de mantener la integridad del barco de su relación y de sus tripulantes.

Hasta en el océano hay reglas

Navegar exitosamente no es hacerse a la mar y ya. Tampoco sólo cuestión de habilidades de buen marino. Quienes han navegado por largo tiempo saben que la convivencia dentro de un barco puede ser estresante. Es aquí donde entran en juego las emociones humanas y la razón para encauzarlas.

Siempre existieron códigos de conducta en los barcos. Hasta los piratas tenían los suyos y no se llega a buen puerto si no establecemos reglas de convivencia, honor y lealtad. Siempre habrá motines, pero eso depende en gran medida de qué tan a gusto se sienta la tripulación y de que las condiciones sean favorables y satisfactorias.

Si debieran elaborar un código para navegar en su relación, ¿cómo lo harían? No me refiero a restringir su conducta o libertades, sino con miras a preservar la integridad, la lealtad y el honor dentro de su relación. Si seguimos la metáfora del barco, se me ocurre que podrían redactar algo como esto:

Código de honor para navegar en una relación

1. El barco de nuestra relación es lo más importante, después de nuestra propia vida e integridad.
2. No se puede arriesgar esta nave a ningún precio y se prohíben los sacrificios.
3. El destino final de nuestro viaje es ser felices. Preferentemente buscaremos llegar a eso juntos.
4. Siempre buscaremos tener a bordo suficiente de lo que cada uno necesita.
5. Los dos tenemos voz y voto por igual.
6. No abandonaremos nuestro puesto durante tempestades o problemas.
7. Recibiremos pasajeros, pero todo el que trepe a esta nave y se comporte como pirata, será lanzado por la borda.
8. En caso de colisión, primero evitaremos que entre más agua y luego sacaremos la que haya entrado, siempre pensando en salvar la nave y nuestras vidas.

9. Si ya no puede salvarse, buscaremos ambos llegar a tierra firme salvos y sanos con los menores daños posibles.

10. Nadie está obligado a permanecer en este barco si ya no quiere, pero no se abandonará a espaldas del otro tripulante, en mitad de la noche, robando el bote salvavidas, sin previo aviso o dejando a su compañero a la deriva.

Por supuesto, la idea de este código es navegar juntos y felices, pero tampoco se trata, como decían los capitanes en el pasado, hundirse con su barco. La misión es hacer lo necesario para navegar juntos, pero no al grado de morir en el intento.

Por eso resulta muy importante tomar en cuenta lo que en este capítulo se trata. Saber las razones y acciones que nos hacen perseverar en una relación para prevenirlas. Al final es algo que nadie enseña o explica y muchas parejas no lo aprenden ni cruzando los 7 mares.

Una pareja feliz

Las parejas felices no son las que no pelean o discuten. Las diferencias de opinión sobre cómo hacer las cosas son el pan de cada día entre extraños, con más razón en una convivencia donde las fricciones serán intensas. Al principio de una relación, bajo la química del enamoramiento, los filtros de la percepción actúan a todo vapor, minimizan los defectos y exaltan las virtudes de la pareja. Al grado de colgarle méritos que no tiene. En suma, todo se ve mejor de lo que en realidad es.

Cuando este periodo concluye, de acuerdo con los estudios de la doctora Helen Fisher, alrededor del cuarto año de relación, vemos a la pareja como en realidad es. No porque de pronto se convierta en otra persona o se vuelva alguien malo, pero sucede que el contraste entre el que viste y el que realmente es puede ser radical. No ocurre de la noche a la mañana, pero un día cobramos conciencia del hecho y empiezan los "estira y afloja" por devolverle a la "normalidad". Algo que no ocurrirá, porque en gran medida no era cosa del otro, sino de tu percepción acerca de él.

A partir de ese momento suceden las diferencias y las luchas de poder. En desear que el otro sea como uno quiere que sea se nos puede ir la vida con pobres resultados si el otro se resiste a reconocer oportunidades de mejorar e implementar cambios. No porque una persona no cambie, de eso hablaré en el siguiente capítulo, sino porque existe un fenómeno muy humano que se conoce como la "Reactancia psicológica": nos resistimos a cambiar cuando alguien nos dice que lo hagamos.

¿Es "contreras" tu pareja?

Creo haber sido claro en lo poco útil y hasta contraproducente de querer cambiar a una persona, así sea tu pareja. ¿Pero por qué se resiste a mejorar si tú y mucha gente saben que sería para su bienestar y crecimiento personal? ¿Es contreras, necia, cabeza dura? No necesariamente.

Mencioné la "Reactancia psicológica" como factor para que las personas no hagan lo que se les dice aunque sea para su bien. La reactancia en psicología se refiere a la reacción emocional que se produce cuando alguien se siente presionado para comportarse de cierta manera. Y no es que haya realmente presión, sino que la persona sienta que la hay. Cuando alguien percibe esta intención siente que su libertad es amenazada y actúa en sentido contrario a lo que se le solicita. Es decir, se crea el efecto contrario al que se buscaba cuando se trata de cambiar a una persona.

No importa cuánto le expliques o lo razonable de tus argumentos. Estás ante una respuesta emocional y esas, al menos cuando se activan, no escuchan muchas razones. Aun así, el sentido común nos dice que si alguien no hace algo que queremos y consideramos correcto, hay que insistir, presionando o razonando con esa persona hasta que ceda. Esto definitivamente no funciona porque a mayor insistencia, mayor resistencia. No olvides que lo que se defiende en realidad no es una simple conducta o idea, sino la libertad misma de la persona.

¿Qué hacer si tu pareja no coopera o no entiende algunos temas? Bueno, he aquí algunas ideas.

1. Dile a tu pareja lo que piensas.
2. Escucha su punto de vista u opinión al respecto.
3. Si hay convergencia en las opiniones, perfecto.
4. Si no las hay, perfecto. Ahora conoces un punto de vista distinto.

Tomemos el siguiente ejemplo de una pareja saliendo del cine:

— Oye, qué película tan mala, ¿no te pareció?

— ¿Crees? Vieras que a mí me gustó. Me hizo reír mucho.

— Pues a mí me pareció sin argumento y las actuaciones se me hicieron para el olvido.

— Si, en realidad el argumento parecía bastante flojo, pero un mal rato no me pasé; tampoco creo que la nominen para el Oscar.

— Pues aun así me pareció fatal, creo que es lo peor que he visto en mi vida.

— Pues sí, ya veo que de verdad no te gustó; pero peor hubiera sido ir a ver una película de Reygadas, ¿no?

— Jajajaja, es verdad, viéndolo así esta no estuvo tan mal.

— Jajajajaja.

Son puntos de vista distintos pero ninguno defendió algo que no debía defender, especialmente cuando hacerlo puede traer problemas. Cada uno hablaba de su punto de vista y no hay problema. Incluso cierran con un comentario gracioso y la velada sigue sin mayor contratiempo.

¿Pero qué pasa si el tema es más delicado o complejo que el del ejemplo anterior? Por ejemplo:

— Oye, vino el agente de la aseguradora y trajo el plan de inversión de retiro, ¿quieres que lo veamos?

— Sí, claro, pero de una vez te digo que no sé por qué no confío en esos planes. Pienso que nada más son una sacadera de dinero y al final nos regresan una mugre de intereses.

— Es que suena interesante y además ya ves que buenos para ahorrar no somos; a mí no me pareció tan malo si esto nos obliga a hacerlo.

— Vamos a verlo pues...

Revisan juntos los documentos

> — Pues no sé, te digo que estas cosas no me convencen.
>
> — Entiendo tu desconfianza, nunca hemos hecho algo así, pero a mí no se me ocurre algo mejor para juntar algo para el retiro, ¿a ti?
>
> — No, pues la verdad tampoco, pero hay que investigar bien, ¿no?
>
> — Ya lo hicimos, ¿te acuerdas?". Por eso citamos a este agente.
>
> — Mmmmmm... Sí, pero no sé...
>
> — Mira, por qué no le decimos que venga de nuevo y le planteamos nuestras dudas y entonces tomamos una decisión, mientras, si encontramos algo alternativo que nos funcione mejor, lo vemos.
>
> — Ándale, sí, que venga y vemos

Como observaron, el uso del plural estuvo presente. Es decir, no se convirtió en una discusión acerca de lo que parece bien, sino de qué es mejor para ambos, para el proyecto familiar. Las parejas que piensan más en el bienestar del sistema familiar tienen menos probabilidades de discutir. En el barco es importante remar hacia el mismo rumbo.

Algo más que observamos en la última conversación es que se atienden las objeciones y temores. En ningún momento se dijo "no pasa nada" o cosas por el estilo. La parte reacia tiene objeciones válidas y la otra las respeta. Eso también desactiva la *defensividad*, pues hace de la empatía y la comprensión dos estupendas herramientas para los acuerdos.

La voluntad de hacer cambios

Pero si no insistimos en que nuestra pareja cambie, ¿cómo lo hará, cómo se dará cuenta de sus errores para corregirlos? Bueno, la necesidad del cambio viene desde dentro y en cada uno. El resultado de nuestras conductas y creencias provocará escenarios que a veces nos gustan y otras no. Resultados que deseamos y otros que no queremos. Lo que nos pasa provoca el cambio, no lo que nos dice alguien.

No es cuestión de caer en la desesperanza de "mejor ya no le digo nada, al fin que no cambiará". Nunca se debe relegar lo que se siente y piensa, pero conviene expresarlo sin imposiciones ni descalificaciones. Una pareja no está para satisfacer mis deseos y cubrir mis necesidades. Es un compañero de viaje y juntos buscamos que lo posible sea realidad. Para cada uno y para el sistema familiar en formación.

¿Entonces, de verdad nada puede hacerse? Sí, mucho, pero no desde la imposición, sino desde la invitación y la seducción. Por las buenas, pues. Aun así, habrá cosas en que tu pareja no cambie y, una vez más, aprenderás a vivir o bajarte del barco en el siguiente puerto. Si algo de tu pareja no te gusta, no puede o no quiere cambiarlo, y tú te quedas en la relación, aceptarás esa conducta y tendrás derecho a quejarte, pero será caer en el reino de la necedad.

¿Qué vimos en este capítulo?

- Los tres elementos que fortalecen el compromiso en una pareja son:
  - ◊ Alta satisfacción.
  - ◊ Bajas alternativas.
  - ◊ Alta inversión.
- Las parejas que duran más juntas no lo hacen por amor. Quererse resulta de una interacción de alta calidad donde la satisfacción es alta para ambos.
- Cada uno debe procurar que su relación sea algo deseable. Como el hogar, hacerlo confortable y no un macabro juego de mesa con reglas cambiantes.
- Uno invierte en lo que dará buenos rendimientos. Si la relación deja de aportarnos ganancias emocionales, dejaremos de invertir en ella.
- Querer cambiar a tu pareja o forzarla a que haga algo contra su voluntad no sólo aumentará el conflicto, sino que hará mayor su resistencia. Es mejor usar la persuasión, la invitación antes que la fuerza o la coerción.

El GPS de su relación

Los barcos modernos ya no se guían sólo por brújulas o la estrella polar. Se basan en nuevas tecnologías mediante aparatos de localización satelital que les marcan el punto de partida, dónde están y el sitio al que se dirigen. Hagamos algo parecido con su relación, elaboremos una carta de navegación que los oriente hacia buenos caminos.

● Cada uno redacte por separado una carta ofreciéndole al otro:

◇ Gratitud: escribe tres cosas que agradeces a tu pareja. Pueden ser del pasado o del presente. Algo muy puntual o memorable, cotidiano, como que cada mañana está listo el café antes de salir a trabajar.

◇ Promesas: promete tres cosas que puedas cumplir en el futuro cercano. Digamos dentro de los próximos tres meses. De igual manera no tienen que ser cosas heroicas, sino pequeñas, que harás. Quizá algo pendiente o que le sorprenda y sabes que desea. La idea es que, al cumplirlas, se fortalezca la confianza entre ustedes.

◇ Soluciones: escribe tres cosas que te gustaría solucionar entre ustedes. Pueden ser personales como "no dejarnos de hablar cuando estamos enojados" o domésticas como "no vamos a dejar la cocina tirada antes de irnos a dormir". Elijan al menos una solución cada uno para realizarla. Si pueden las tres, ¡estupendo!

6

Las inevitables tormentas

*Tu perspectiva de la vida proviene
de la jaula donde has estado cautivo.*
Shannon L. Adler

Vimos en el capítulo anterior que las discusiones, igual que algunos problemas, son comunes en toda relación. Eludirlos es como evadir una tormenta en altamar; algunas veces podrás, pero otras será inevitable toparse con alguna y más vale estar preparados. Hay muchas amenazas que ponen en riesgo la estabilidad de una relación y debemos encontrar la manera de sortearlas, sobrellevarlas o solucionarlas para salir a flote.

También podemos estar en desacuerdo con algunos temas y eso no tendría que representar un gran problema, especialmente si lo aceptamos como normal y no insistimos en que nuestra pareja vea todo a nuestra manera. Pero no es el problema central; una de los peligros de las grandes tormentas no son las discusiones en sí, sino cómo discutimos, lo que sentimos al hacerlo y nuestra reacción ante esos sentimientos.

¿Por qué discuten las parejas?

Algunos responderían "por cualquier cosa" y no estarían tan alejados de la realidad. Sin embargo, un estudio realizado por los doctores John R. Siegert y Glen H. Stamp, publicado en el *Journal of Communication Monographs*, establece las principales causas por las que las parejas tienen grandes peleas:

1. Dudas acerca del nivel de compromiso en la relación.
   ◊ Con frecuencia uno siente que el otro no está tan comprometido y entra en un estado de molestia y ansiedad. No siempre lo hace explícito, pero de alguna manera presiona a la pareja para hacer cosas que lo muestren comprometido, como llegar a cierta hora a la casa, invertir recursos materiales, tener detalles románticos o involucrarse más en la crianza de los hijos. Si en vez de cumplir con estas pruebas la pareja "falla", el otro presionará cada vez más y su pareja huirá de esa persecución. En el camino habrá grandes discusiones como en el juego del gato y el ratón.

— ¿Por qué cuando llegas de trabajar no juegas tantito con los niños?

— Porque vengo cansado y además si los alboroto luego no se quieren dormir.

— Pues sí, pero no los ves en todo el día.

— En las mañanas los llevo a la escuela.

— No es suficiente, necesitan convivir más contigo.

— Ya sé, por eso los fines de semana los dedico a la familia.

— A veces siento que te pesa llegar a la casa; yo también me canso y estoy con ellos porque los quiero.

— ¿Cómo va a pesarme si es mi casa y ustedes son mi familia; además insinuas que no los quiero o qué?

— ¿Ves?, el ratito que estamos juntos acabamos peleando.

— Yo no estoy peleando, sólo te digo lo que pienso.

◊ Cualquiera pensaría que quien reclama busca pleito porque sí, pero en realidad se inquieta porque siente que su pareja dedica mucho tiempo al trabajo y poco a la familia; pero al no decirlo directamente y presionar con sus demandas, la pareja evitará el conflicto, quizá estando menos en casa: provocará lo que más teme.

◊ No olvidemos en este apartado las tareas domésticas. Fuente de armonía cuando se distribuyen satisfactoriamente, pero semillero de pleitos y reclamos cuando no sucede así. Muchas personas miden el nivel de compromiso de su pareja con su disposición para dividir las tareas domésticas de manera equitativa. Increíble, pero cierto.

2. Celos.

◊ Sustentados o no, los celos son un sentimiento muy destructivo para una relación. Suspicacias y reclamos llenan el aire que se respira. Muchas peleas se relacionan con los celos. ¿Dónde estás? ¿Con quién chateas? ¿Quién te llamó? ¿Por qué no contestas? Una vez más la conducta acechante aparece. Uno cuestiona, el otro niega.

3. Expectativas no cumplidas.

◊ Tema inagotable. Todo empieza cuando uno se hace una idea de cómo espera que sea una pareja o una relación. En general hay expectativas muy válidas (por ejemplo, no se espera que la pareja sea drogadicta), pero hay otras muy distorsionadas (que una persona no tenga vida propia más allá de su relación).

◇ Este motivo de reclamo es especialmente común en personas de pensamiento muy rígido o fantasioso. Unas reclaman lo que es, contra lo que suponen que "debe ser". Las otras, porque su cuento de hadas no resulta como imaginó. Bajo este esquema, como dijimos en páginas anteriores, se pretende que la pareja cambie para ajustarse a lo que se espera o desea de ella. Fracaso garantizado.

4. Diferencias en personalidad.

◇ John Gottman afirma que 69% de los problemas de pareja nunca se resuelven y se debe vivir con ellos. Sobre temas de personalidad y valores los cambios no ocurren, o al menos no con facilidad. Es una pela estéril porque nada bueno saldrá de ella como no sean más pleitos.

— Vámonos ya, se nos va a hacer tarde de nuevo.

— Relájate, no vamos al aeropuerto, sino a una fiesta que ni es nuestra, por cierto.

— Lo que pasa es que a ti todo te vale, no respetas el tiempo de los demás. Si ponen una hora en la invitación es porque esperan que la gente llegue a tiempo.

— Cálmate, siempre ponen mínimo media hora antes. Además, ni que tuviéramos muchas ganas de llegar a la misa.

— Pues yo sí; nos invitan a todo, no sólo a lo que nos conviene y además es una falta de respeto llegar tarde.

— Ay sí, ahora muy mocha, ¿no? De cuándo acá quieres llegar a misa. Además estamos en México y todo mundo sabe que los mexicanos llegamos tarde a todos lados. Es más, te apuesto a que no seremos los últimos en llegar.

— Eso a mí no me importa. Si los demás son irresponsables e irrespetuosos con sus anfitriones es su problema, pero por qué nosotros hemos de ser así; 20 años de casados y siempre lo mismo contigo.

— Tú no cantas mal las rancheras. Los mismos 20 años que haces muina hasta por lo que ni te afecta. ¿Sabes qué? Vives muy estresada, un día te va a dar algo si no te relajas.

— No vivo estresada, tú me estresas con tu irresponsabilidad y tu eterna calma. Todo lo haces lento.

— Yo sí quiero morir en mi cama, de viejito, no en la banqueta con un aneurisma reventado de un coraje y del estrés.

— Mira, ya no digas tonterías y saca el carro, que de por sí ya es tarde, vámonos.

— Sí patrona.

◊ Esta pareja lleva 20 años discutiendo por el mismo tema que, al parecer, no cambiará. Una parte es extremadamente quisquillosa con las normas sociales y los valores, y la otra parte mucho más relajada. ¿Por cierto, si tuvieras que hacerlo, con cuál de los dos personajes te identificas?

No son los únicos temas de discusión, pero sí los más comunes. Recordemos que hay otros de los que ya hablé en este libro y son perfectos para iniciar un pleito o una conversación. Sexo, dinero, hijos, familia política, etcétera.

Aun así, como he dicho, no es tan importante el tema o la discusión en sí misma, sino la actitud, la manera de discutir, cómo se ve la pareja ante esto. Las discusiones no deberían volverse algo tan en serio ni convertirse en suceso de vida o muerte. No digo que se trivialicen, pero hacer un drama por todo es muy costoso. No obstante, hay patrones muy destructivos al momento de afrontar un conflicto; conocerlos y evitarlos sería una estupenda idea si la intención de ambos es seguir juntos. Pero recuerden, el primer paso es darse cuenta y aceptar que algo está pasando. Sin este ingrediente, la mejor de las voluntades de nada servirá.

¿Qué dice de su relación su modo de manejar un conflicto?

Ya vimos que hay diferentes razones para discutir y pelear, sobre las cuáles pueden no estar de acuerdo. El problema es cómo abordamos un conflicto y, especialmente, cómo lo solucionamos. Así es, aunque suene extraño, los problemas de pareja se complican no por lo ocurrido, sino por los intentos de solución que cada uno aplica. Ya hablamos acerca de nuestro equipaje personal, en el que se incluyen los aprendizajes en nuestra familia de origen, ¿cierto? Bueno, pues el modo de confrontación matrimonial es precisamente uno de esos factores que aprendimos de nuestros padres, para bien o para mal.

Aun pensando que lo aprendido hubiera sido muy efectivo para tus padres, eso no garantiza que lo será para ti y tu pareja, pues sin duda son dos personas que responden a los conflictos con las herramientas (o armas) que traen consigo y que activan cuando perciben que algo no está bien.

Un estudio realizado en la Universidad de Michigan por la doctora Kira Birditt, publicado en el *Journal of Marriage and Family,* en octubre de 2010, afirma que las maneras de discutir pueden predecir si esa pareja permanecerá junta o se separará. Esto incluso puede observarse desde el primer año de relación. Birditt dice que hay patrones individuales e interpersonales que complican los problemas; es decir, lo que uno de ustedes hace ante un conflicto o la forma en que juntos construyen una dinámica sana, o tóxica y destructiva.

Cuando surgen conflictos y discusiones, cómo terminen será determinante para ambos. No importa sobre qué o qué tanto discutan, si hacerlo soluciona el problema, sentirán que ha valido la pena con tal de que no se repita. En cambio, cuando discutir no acarrea la solución del problema y pelean sobre lo mismo una y otra vez, entran en una especie de torbellino de emociones negativas, desesperanza y resignación. Por eso traer al presente temas del pasado es de lo más destructivo. Quien lo hace siente que algo no ha quedado resuelto, pero a veces hay personas incapaces de concluir algo. Si reprochas cosas eternamente, lo mejor sería terminar con esa relación, a no ser que tu objetivo sea que tu pareja pague eternamente.

Tres modos de reaccionar a un conflicto

La manera de abordar el conflicto construirá su resolución de conflictos como pareja. Ambos suman o restan, según el estilo que adopten. Veamos cada uno.

● Conductas destructivas.

◇ Gritos, insultos, críticas, desprecio y hostilidad. Todo lo que lastime a una persona y provenga de su pareja.

● Conductas constructivas

◇ Discutir sin levantar la voz, escuchar sin defenderse, estar abierto a entender el otro punto de vista, evitar insultos y centrarse más en la solución que en el problema.

● Conductas de retirada o disimulo.

◇ Implica abandonar la discusión, alejándose físicamente o creando una desconexión de lo que el otro dice. Presente de manera física pero emocionalmente ausente. Mantenerse petrificado, como una pared, sin dar a la pareja ninguna respuesta o reacción, verbal o no verbal, a lo que se discute. Esto es muy frustrante.

¿Hay diferencia entre hombres y mujeres en estos comportamientos?

¿Quiénes tienden a usar más uno de estos recursos? ¿Quién usa más el destructivo, el constructivo y el de retirada? Hagan sus apuestas y lean a continuación, porque la explicación de los especialistas es tan reveladora como interesante.

La doctora Birditt y sus colaboradores afirman que todos recurrimos un poco a los tres modos al resolver los conflictos, pero que hay uno "preferido", por así decirlo. Ahora bien, específicamente en cuanto al uso de estas estrategias por género, al inicio de la relación las mujeres utilizan estrategias destructivas y de retirada y casi ninguna constructiva. Los hombres, en cambio, utilizan más las constructivas y luego las de retirada y destructivas. Esto sucede porque las mujeres quieren organizar la vida doméstica y la relación de pareja conforme a su visión del mundo; entonces buscan imponerse mediante regaños y críticas. Los hombres, en esta etapa, se afanan por entender las nuevas reglas y negocian más, pero sólo ceden en lo que les parece razonable. Quieren llevar la fiesta en paz, por así decirlo.

Muy probablemente esto ya puso los pelos de punta a muchos y piensan que los investigadores estaban ebrios, porque es muy conocido que los hombres tienden a evadir y las mujeres a buscar soluciones. Bueno, así es como empieza el asunto, pero luego cambia; al paso del tiempo, las mujeres aprenden que no es la mejor estrategia, afirma la doctora Birditt, y disminuyen las interacciones destructivas y de retirada para incrementar las constructivas. Otro factor que contribuye al cambio de estrategia femenina es que los problemas por los que discuten se han resuelto y ellas valoran más una relación de pareja que los hombres, por lo que el temor a que se acabe las hace modificar su actitud.

Los hombres, a su vez, disminuyen sus estrategias constructivas, porque en el pasado no funcionaron, y asumen las destructivas y de evasión; no aumentan, pero se hacen más notables al desaparecer las positivas. Entonces ocurre una disparidad. Cuando las mujeres eran más hostiles, los hombres resultaron más pacíficos. Luego los papeles se invierten: el problema sigue, pero los roles se invirtieron.

La idea sería que, desde el inicio de la relación, las mujeres se volvieran menos hostiles y más negociadoras. Que no intentaran cambiar a la pareja y se comprometieran sólo con la persona que se ajuste más a sus expectativas y no sólo porque el otro les resulta "atractivo" o se sienten enamoradas. La balanza razón-emoción debe equilibrarse. Claro, los hombres deberían negociar más y comprender.

La combinación más dolorosa

Pero más allá de las tácticas, entre todas las posibles combinaciones de conductas constructivas, destructivas y de evasión, los investigadores coinciden en que una es especialmente tóxica e incrementa las posibilidades de que una relación se termine, de mantenerse ambos sin ningún intento de reparación. Se trata de la combinación:

Constructiva-Evitadora

En este caso, una de las dos personas discute calmadamente, está abierta a escuchar el punto de vista de su pareja y averiguar lo que siente y piensa con relación a la situación. La otra persona no habla del problema, se retira, cambia la conversación, minimiza el problema o guarda silencio.

Lo destructivo de este patrón es que quien hace los intentos constructivos recibe no sólo una pobre respuesta, sino un mensaje implícito: "No me importa lo que pase y no quiero hablar de ello", lo cual se traduce para muchos en "no me importa ya la relación". Además, se afecta el tercero de los factores del compromiso, ¿los recuerdan? El de la "Alta inversión". La persona de estilo Evitador es también percibida como no interesada en resolver lo que pasa porque ya no quiere invertir en la relación.

Por supuesto, la pareja que evita no lo mira de esa manera; su conducta la explica como un "no empeorar las cosas". Además, verá al otro como perseguidor, que no sólo no lo deja en paz sino que parece que le gusta pelear por todo.

Es evidente que bajo este supuesto y esta disparidad de interpretaciones, la relación está condenada al naufragio. La combinación ideal, no cuesta mucho adivinarlo, es que ambos tengan un estilo constructivo para resolver conflictos dentro de su relación.

Claro que la combinación "destructiva-evitadora" o la "evitadora-evitadora" son también muy dañinas y terminan con una relación muy rápido. Como un infarto. La "constructiva-evitadora" es más como un cáncer para la relación.

¿Eres tú, soy yo, o somos ambos?

Si cada uno está dispuesto a aceptar su parte en el problema, empecemos por encontrar lo que no hemos hecho tan bien y aquello que podríamos mejorar. ¿Cómo saber quién esta mal o quién está causando los conflictos? Veamos algunas pautas que ayudan a identificar su grado de influencia en el conflicto.

● Si tienes problemas con todos o todo lo que te rodea te parece inadecuado o imperfecto.

◇ Definitivamente puedes ser el principal causante de los problemas. Tal vez te consideras a ti mismo/a como perfeccionista o una persona que hace las cosas "como se debe", pero en realidad quizá eres manipulador, controlador y obsesivo. Quizá tengas un pensamiento de estilo blanco/negro, así que lo que no está bien, según tus estándares, estará "mal". Te peleas con meseros y acomodadores de autos, ya sea por sus modos, su lentitud o sus "terribles errores". Prefieres que todo esté "bien" que pasártela realmente bien.

◇ A lo mejor no tienes un conflicto abierto, pero te quejas de todo y todo te parece mal, no eres feliz ni estás satisfecho con muchas cosas.

● Si los conflictos sólo son con tu pareja y otras personas cercanas a ti.

◇ Y a esto le sumas que eres como candil de la calle, es decir, que con los ajenos eres tolerante y flexible, muy probablemente tienes un problema con tu modo de apego. Eres hostil con quien te sientes vulnerable y acabas lastimando a los que más quieres, porque desplazas tu frustración y enojo hacia ellos. Si no puedes evitarlo, quizá te vendría bien un poco de ayuda profesional.

● Si los conflictos son exclusivamente con tu pareja y nadie más.

◇ Aquí hay varias posibilidades.

- Que tengas algún resentimiento por algo que hizo o no ha hecho. Tienen que hablar de eso y llegar a acuerdos.
- Que proyectes en ella un conflicto con alguna de tus figuras parentales que nunca resolviste. Ve a terapia.
- Que tu pareja te lleve al límite y te haga perder los estribos con alguna conducta perseguidora o pasivo-agresiva. Busquen ayuda o adopten decisiones.

◇ Ahora bien, si no tienes idea de por qué llegan a interacciones conflictivas, ir a la segura es definitivamente buscar ayuda profesional antes de que la agresión se intensifique y arraigue.

● Si cuando están separados la cosa no está tan mal.

◇ Si se conceden tiempo, por ejemplo. En estos casos, cuando pasa la crisis, las cosas se ven distintas; las emociones retoman su nivel y piensas "no era para tanto", extrañas a tu pareja y deciden volver. Sin embargo, como no hubo lección aprendida y lo único distinto fue la distancia, la tendencia es que regresen a lo mismo.

◇ En este caso, es su interacción lo que los lleva al conflicto. La terapia de pareja puede ser una muy buena opción.

● Si ni separados se llevan bien

◇ Por ejemplo, se han dado un tiempo, pero incluso por medio de mensajes se siguen peleando e insultando. En este caso deben pensar en una separación definitiva, pero antes no sobra pasar por el consultorio de un buen terapeuta para estar seguros.

A pesar de esto, los doctores Frank D. Fincham y Thomas N. Bradbury, afirman en el *Journal of Personality and Social Psychology* que si la causa de los problemas se atribuye al otro, etiquetándole como necio, torpe, cruel, bipolar, malévolo, etcétera, el conflicto empeorará y la percepción de la relación caerá por los suelos. En cambio, cuando cada uno mira los problemas como ocasionados por la manera en que ambos se enfrentan a ellos, no le dan tanto peso a lo ocurrido y se centran más en las conductas y los ajustes que los lleven a encontrar una solución definitiva al problema. Así que lo mejor es no "diagnosticar" al otro y que cada uno identifique en todas estas páginas cosas que podrían cambiar y, con ellas, la calidad de su relación. No buscar la paja en el ojo ajeno, creo que así le llaman a eso.

En medio de la tormenta: el mar de las emociones

Hablé ya de interacciones destructivas y dije que son gritos, insultos, críticas, desprecio y hostilidad hacia la pareja. Es claro que mucho tienen que ver los aprendizajes en el seno familiar para desarrollar un tipo de resolución de conflictos. Eso es el inicio. ¿Qué hace que este modo venga tan cargado de negatividad? Sin duda, además de los aprendizajes, insisto, es la pobre autorregulación emocional.

Una vez que el conflicto se desata, hombres y mujeres reaccionamos distinto. No es un secreto que las discusiones de pareja generan un mayor o menor grado de estrés. Claro, una discusión más áspera, o sobre motivos muy importantes, causará un sobresalto mayor en ambos.

Reacciones a distintos niveles

Hombres y mujeres reaccionamos distinto ante el estrés que nos provoca una pelea o discusión. El doctor John Gottman afirma que el sistema cardiovascular del hombre es más reactivo que el de las mujeres y tardan más en recuperarse de una situación estresante. En pocas palabras, los hombres se enojan más rápido y se les pasa más lento el coraje que a las mujeres.

Además, el hombre se queda rumiando durante más tiempo pensamientos contra la pareja como: "ya me tiene harto", "un día me voy a largar", "debería realmente portarme mal para que se le quite". En realidad lo que busca es desquitarse, situación que, de darse, disminuiría el estrés rápidamente.

Otra reacción distintiva entre cerebros masculino y femenino tiene que ver con las áreas que se activan o desactivan. Un estudio publicado en el *Journal NeuroReport* en octubre de 2010, afirma que cuando las mujeres se estresan, se alertan las áreas de la socialización y las emociones, de ahí que ellas busquen más soporte social cuando hay problemas y les resulte más fácil hablar de lo que sienten y cómo se sienten. En cambio, en los hombres esas mismas áreas parecen "desconectarse" (por así decirlo) y el resultado es que se comportan de modo más evasivo y son menos empáticos. No queda claro en el estudio si esto es por razones evolutivas o efecto de nuestra socialización.

Parar a tiempo

Entonces, sabiendo que el estrés afecta a ambos, pero es más intensa la velocidad y respuesta en los hombres, quizá sea buena idea parar a tiempo una discusión cuando se perciba que alcanza niveles que rebasan las capacidades de autorregulación de ambos. ¿Cómo enterarse? No es difícil, basta atender al estado físico y/o emocional de la otra persona. Observar su comunicación verbal y no verbal y otras señales de que algo pasa en su interior. Por ejemplo, ritmo de su respiración, color de la piel, sudor, resaltan algunas venas de la frente, manos cerradas, o abiertas y temblorosas, ritmo y tono de la voz, postura corporal o hasta señales más directas y obvias como "por favor ya para" o "no sigas con eso". No lo vean como amenazas, sino como advertencias de que es momento de parar, al menos en ese instante y dar tiempo y espacio para que las cosas se calmen.

Debemos cuidar nuestro estilo de confrontación. Ya hablamos del destructivo y a este quiero agregar patrones capaces de reavivar el fuego de una pelea cuando ya se calmaba.

Los remates

Supongamos que una pareja desayuna, discuten por algo y todo indica que llegan a un acuerdo:

— Es súper importante recoger ese paquete hoy mismo.

— Ya sé, pero me preocupa que haya mucho tránsito en la zona de la escuela de los niños. Ya ves que es viernes y se pone todo bien pesado. Salen del inglés a las 5:30 y el correo cierra a las seis.

— ¿Y no puedes pasar antes?

— Pues voy a tratar, aunque vengo bajando de la oficina y me queda primero la escuela, si voy al correo de regreso agarro todo el tránsito que sube.

— Sabes qué, ya pensé. Mejor yo paso por los niños y tú recoge el paquete en el correo, ¿de acuerdo?

— Está bien, así es más seguro.

Tras unos segundos de silencio, cuando ya todo estaba aclarado, sale un remate absolutamente innecesario.

> — Nada más ten en cuenta que yo siempre te ayudo cuando se te complican las cosas y cuando te pido algo te haces el loco.
>
> — ¿Qué te pasa? Yo no me hago el loco, tú eres la que se pone tensa y crees que todos somos tus gatos.

Y entonces la discusión recomienza, ahora quizá por otra cosa, por uno de esos remates que de nada servían en ese momento y sólo provocaron una respuesta defensiva en la pareja que se sintió atacada. Aunque hubiera sido cierto lo que la persona señalaba ("cuando te pido algo te haces el loco"), no era la forma ni el momento de traerlo a cuento, menos cuando ya todo estaba aclarado.

El estilo barracuda

Las barracudas son peces alargados, muy voraces y de mandíbulas muy fuertes que una vez que agarran a una presa entre sus dientes no la sueltan. Así muchas personas se aferran a un tema aunque ya no tenga sentido hablar de él. Se aferran y lo sacan una y otra vez, causando conflicto y reavivando la llama de la discusión. Si de casualidad a alguno se les escapa, irán tras otro y tras otro y tras otro.

> — Pues yo no estoy de acuerdo en que tu mamá se quede en la casa.

— ¿Quién dijo que mi mamá se quiere venir a quedar? Ella sólo me pidió que le avisáramos cuando nos vamos para que le dé sus vueltas a la casa; bueno, es más, yo se lo pedí.

— No, tú me dijiste que se quería venir a quedar.

— Pues entendiste mal, sólo quiere ayudarnos cuando vayamos de viaje.

— Pues tú me dijiste otra cosa.

— ¡Que no! Y bueno, si te la dije perdón, a lo mejor no me expresé bien.

— Ahí está, ya ni te acuerdas de lo que dices.

— Bueno ya, ¿no?

— Pues tú, que primero me dices una cosa y luego ya ni te acuerdas. A mí se me hace que ya hasta tienes Alzheimer.

— Ya, vamos a cambiar de tema… ¿viste lo de las reservaciones del hotel?

— Sí, ya quedaron.

— Perfecto, gracias.

— Te dije que lo iba a hacer y lo hice. No soy tú que se me olvida lo que ando diciendo y luego me hago el occiso.

La estrellita en la frente

Muchas veces alguno, para zanjar el asunto, acaba por ceder en algo que no quería. La intención es parar el pleito y vivir en paz. El otro, como respuesta, lejos de guardar silencio y pasar a otra cosa, pone una aguja caliente sobre la piel del otro con un comentario del tipo "estrellita en la frente". De esos que encienden a muchas personas haciéndolas sentir como tontos.

— ...pues yo no sé cómo le vas a hacer, pero tú a mí me devuelves mi llavero.

— Ya te dije que cuando cogí las llaves no venía.

— Ya no mientas por favor, ¿qué te cuesta admitir que lo perdiste?

— Si lo hubiera perdido te lo diría y acabaríamos con esto, pero no estaba cuando agarré las llaves.

— Pues ya le pregunté a todos y nadie fue.

— Ah, entonces nada más te gusté yo para reclamarme.

— No, pero tú fuiste la última persona que las agarró.

— Bueno, pues entonces el que perdió tu llavero fue el penúltimo, porque ya no había nada, entiende.

— Entiende que ya debes reconocer la verdad.

— Mira, sabes qué, te voy a reponer tu llavero para quedar en paz.

— Ya ves que bonito te ves reconociendo las cosas; ¿qué te costaba decir la verdad?

— ¡Que yo no perdí tu estúpido llavero, carajo!

Si cuando la persona acusada ofreció reponerlo la otra sólo hubiera cerrado con un "está bien, gracias", a lo mejor la discusión termina ahí, pero tenía que poner el toque final con esa "estrellita" de "buen comportamiento" hacia su pareja.

Sarcasmo

El sarcasmo es conocido como una forma de interacción negativa. Se requiere de una aguda inteligencia para usarlo y en sí mismo no es negativo. El problema es el momento y la dosis. El tema con las personas que usan el sarcasmo es que deben pensar que es como la pimienta. No es estrictamente necesario usarlo para que algo sepa bueno o sea comestible y, si se les pasa la mano, arruinan el platillo. El uso de diferentes frases que no llevan a nada, dichas de esa manera y que, frecuentemente, encierran algo que no se puede decir abiertamente.

Modo sarcástico	Modo directo
"Yo también te quiero…" (dicho a la pareja cuando esta muestra una expresión de descontento o desacuerdo ante algo).	"Veo que esto no te gustó…" "Lo que acabas de decir/hacer me molesta…"
"Cuando esté lista la reina, afuera está su chofer para conducirla adonde ella quiera…"	"Por favor te pido que te des prisa, no me gusta estar esperando en al auto mucho tiempo."
"¿Oye, y si conectas tu lengua al cerebro?"	"Por favor, ten más cuidado con lo que dices."
"Habla con mi mano."	"En este momento no quiero hablar contigo." "No me interesa lo que tienes que decirme."
"Llegó temprano el patrón, por favor, todos de pie y un aplauso, que esto no se ve todos los días."	"Me molesta que frecuentemente llegues tarde a la casa."
"Si claro, yo te recuerdo, al fin que soy tu secretaria."	"Prefiero que no me pidas que te recuerde cosas porque me molesta."

Ya sé que muchas veces la frase directa suena más "ruda", pero al menos nos hace asumir la responsabilidad de nuestras palabras y la paternidad de nuestros estados emocionales. Incluso al escucharnos hablar de manera directa usamos esas palabras como un espejo de nuestro sentir real y reflexionar sobre ello.

Demasiado tarde

Pero supongamos que no hiciste caso de todo lo que hablamos hasta ahora y acabaste siendo un títere de tus emociones al complicar una discusión que podría haber terminado mucho antes y de mejor manera. Las cosas están peor y tu pequeño triunfo no te dará grandes frutos a la larga. ¿Todo para qué?

Ahora que tu pareja acabó molesta varias cosas pasan dentro de su cabeza. Bajo estrés se incapacitan las regiones prefrontales del cerebro afectando comprensión, concentración, aprendizaje y creatividad. Es decir, se nos apaga una de nuestras partes más humanas y entramos en modo de "piloto automático" Es entonces que se activan nuestras respuestas emocionales de supervivencia ante una amenaza; la de pelear, huir o congelarse. Ya las vimos en párrafos anteriores y en los modos de discutir de las parejas.

Guía breve para desescalar el conflicto

Entonces se trata de evitar que las cosas empeoren. Veamos una guía breve para cuando su barco empieza a hacer agua tras una fuerte discusión.

1. Eviten que entre más agua.

◇ Suspendan toda hostilidad, todo comentario o remate que eche más leña al fuego. El silencio es el mejor aliado. Si tu pareja insiste en que les respondas algo en ese momento, simplemente dile que por favor te dé unos minutos, no te sientes listo para seguir hablando de eso ahora.

2. Dense unos minutos y pongan tierra de por medio.

◇ Respeta la petición de tu pareja de no seguir en ese momento y guarda silencio. Evita perseguirle por toda la casa o vociferar tras la puerta del baño. Evita zapatear, azotar puertas o aventar cosas.

◇ No salgas de la casa o dejes a tu pareja a la deriva, por ejemplo en una fiesta. Ubíquense por unos minutos en espacios separados de ser posible. Aprovechen ese tiempo no para rumiar sobre el otro, sino lo que dirán en un momento para que las cosas se resuelvan, al menos por el momento.

3. Alcen la bandera blanca.

◇ El que se considere más flexible y emocionalmente inteligente de los dos, o el que pidió el "tiempo fuera", buscará acercarse al otro y le preguntará, en un tono de voz neutro (de preferencia suave) si está listo para hablar. La otra parte, cuidando su lenguaje corporal y su tono de voz, responderá, procurando que así sea. Si de plano no te sientes listo, pide unos minutos más, pero ahora sí, quien deberá acercarse a reanudar la conversación, serás tú.

4. Cuiden lo que dicen y cómo lo dicen.

◇ Al retomar la conversación, procuren utilizar un tono de voz suave.

◇ Reconoce los sentimientos de tu pareja verbalmente.

"Mira, entiendo que estés muy enojada por esta discusión…"

◇ Manifiesta tu disposición de escuchar y entender.

"Quiero escucharte y me gustaría que me ayudaras a entender tu punto de vista."

◇ Pide lo que necesitas para ti.

"Te pido por favor que me escuches, que me permitas decirte mi punto de vista y cuando termine me digas que piensas."

◊ Usen estructuras lingüísticas y palabras que neutralicen las hostilidades.

> "Me gustaría…" "Pienso que lo mejor sería…" "Me pregunto si tu querrías…" "Quizá podamos…" "Por qué no intentamos…" "Me gustaría saber qué piensas…"

◊ Valida sus objeciones

> "Entiendo que no estés de acuerdo y que tu punto de vista sea distinto, por qué no buscamos una tercera opción que nos funcione a ambos..."

◊ Debo insistir, no sólo las palabras hablan, también el cuerpo. Nota qué partes están tensas y trata de relajarlas. El cuerpo es la mejor alarma cuando las emociones están fuera de control. Hazle caso. Especialmente pon atención a los músculos de tu rostro y de tus manos. Suavízalos. Evita movimientos corporales bruscos, sacar el dedo acusador o usar el clásico ademán de "hazte para allá" con la palma abierta hacia tu pareja como poniéndole un alto. Tres gestos muy tóxicos que se deben evitar mientras tu pareja habla, especialmente cuando no estás de acuerdo con lo que dice, son mirar arriba con hartazgo, mover la cabeza negando y tener una omnipresente sonrisa ladeada de tipo burlón.

◊ Saquen el agua estancada.

> Cuando logren restablecer la comunicación y las hostilidades hayan cesado, procuren gesto de acercamiento físico o alguna palabra cariñosa. Si lograron desescalar el conflicto y volver a ser amos de sus emociones, recompénsense juntos con algo que les guste mucho.

Hoy no eres mi personaje favorito

Muchas parejas confunden las discusiones con el desamor. Nada más alejado de la realidad. Hay parejas que nunca pelean o discuten porque ya ni eso les importa hacer y otras se la pasan en conflicto tratando de salvar una relación que aprecian mucho y se les va de las manos. Como hemos visto, los modos de resolución del conflicto lo empeoran, pero una incompetencia en la habilidad de resolver y negociar no está necesariamente vinculada al amor.

Un "ya no te quiero" no debería usarse nunca a la ligera porque frecuentemente, en las discusiones cotidianas no es lo que realmente se quiere decir. Todos tenemos malos días, hasta malas temporadas, donde nada nos embona y el sol no nos calienta. También a veces nuestra pareja se comporta de manera absurda o arrogante y en ese momento queremos colgarle de las orejas. Muchas veces podemos dejar pasar esos sentimientos sin mayores comentarios, pero como ya sabemos que lo que no se dice se actúa, seguramente nuestra pareja notará que algo pasa y responderá raro a nuestra "rareza" o de plano nos preguntará qué pasa.

Entonces la idea es decir abiertamente lo que sucede. Un "no sé, hoy ando como de malitas" o "fíjate que hoy no eres mi personaje favorito", pueden ser buenos códigos de comunicación entre ustedes y les haga saber que estamos en uno de esos días que no sabemos qué tenemos, pero algo tenemos.

Nosotros nunca peleamos

Es muy curioso recibir en el consultorio a personas que van por primera vez y en la narración de lo que los lleva a buscar ayuda incluyan un comentario que, no pocas veces, ni viene a cuento en esa sesión. Es del tipo: "Soy casado/a y mi pareja y yo nos amamos mucho, nunca discutimos porque nos entendemos muy bien." Yo me quedo pensando: "¿A quién tratas de convencer?", pero como a veces el asunto no tiene que ver con la pareja, sino con algo más personal, me guardo esa observación para mejor ocasión y, generalmente, llega. Son personas que en el transcurso del proceso terapéutico filtran la verdad de su relación; es decir, sacan toda la mugre acumulada bajo la alfombra.

No digo que las parejas "deban" pelear o discutir. Digo que todas lo hacen tarde o temprano, lo reconozcan o no. Creo que es mejor pensar en un: "¿Qué haremos si un día nos pasa?", a caer en el error de "eso a nosotros nunca nos pasará", así empiezan las grandes tragedias. Algo de esto hablaré en el siguiente capítulo.

¿Qué vimos en este capítulo?

- Las discusiones y diferencias son normales en las parejas.
- Las parejas más felices y exitosas no son las que no discuten, sino las que aprenden a resolver sus diferencias.
- Los motivos de una discusión son importantes, pero lo que más afecta es su habilidad para resolver un conflicto. Muchas veces los métodos y dictados que empleamos desde el sentido común, no hacen sino empeorar la situación.
- Los modos de manejar un conflicto son tres: constructivo, destructivo y de retirada o evasión. Evidentemente si ambos tienen un estilo constructivo se auguran buenos resultados, pero la peor combinación es una de estilos "Constructivo-Evitador".
- Hombres y mujeres tenemos diferentes modos de respuesta ante el estrés y los conflictos. Los hombre suelen encenderse más rápido y tardar más en que las emociones vuelvan a la normalidad.
- Desescalar un conflicto requiere mucho más que buena voluntad. Se requiere disposición y atender a lo que se dice, cómo se dice y al lenguaje corporal. Se requiere una buena inteligencia emocional y una gestión adecuada de los estados emocionales.

Guía breve para discutir en pareja

1. Afronten

◊ No eviten el conflicto. Si tu pareja quiere hablar de algo, aborden el tema cuanto antes y eviten posponerlo, a menos que se encuentren en alguno de los supuestos del siguiente punto.

2. Elijan lugar y tiempo

◊ Eviten un lugar público. Un buen lugar para discutir un tema importante es en casa. Eviten hacerlo en la recámara, busquen el espacio más neutro posible. Háganlo sentados y lado a lado, no de frente. Imaginen que ven una película del problema en una pantalla en la pared de enfrente. No se trata de que no se miren nunca, sino de que asocien el problema con esa pantalla y no con sus rostros.

◊ Procuren no discutir en un espacio confinado como un auto, cuando estén a punto de irse a dormir o estén muy cansados, con hambre, hayan tomado alcohol o tengan prisa.

◊ Si el tema es muy grave suspendan todo lo que hacen, de ser posible, y atiéndanlo de inmediato, sólo eviten los efectos de cualquier sustancia.

3. Escuchen

◊ Generalmente uno expone la situación. Mientras habla, el otro escucha tratando de entender no sólo lo que dice su pareja, sino qué necesidad hay detrás de lo que dice.

◊ Tanto al exponer el problema, como mientras se escucha o se responde, procuren apegarse a esta estructura:

- ¿Qué creo que pasa?
- ¿Por qué creo que pasa esto?
- ¿Qué efecto produce en mí lo que pasa?
- ¿Qué solución propongo para lo que sucede?

4. Enfóquense

◊ La tentación de sentirse escuchado es aprovechar y sacar de una vez toda la ropa sucia. Error. Traten sólo un tema a la vez y eviten traer ejemplos o asuntos del pasado. Eviten involucrar a terceras personas como testigos o ejemplo de algo.

5. Obsérvense

◊ Recuerden la importancia de la comunicación verbal y no verbal. En una discusión puede ser fácil hacer gestos desafortunados o subir el tono de voz. Para evitar que tu pareja te pida algún ajuste, mantente pendiente de lo que haces y cómo lo haces mientras hablas o discutes.

◊ Si sientes que las emociones te rebasan no te preocupes, es natural si no estás familiarizado con una buena gestión de emociones. Pide a tu pareja unos minutos, mueve tu cuerpo, toma un poco de agua o respira y cuenta hasta 10. Tomen un break y retomen el tema cuando estén listos. Vean en este capítulo la "Guía breve para *desescalar* un conflicto".

6. Concéntrense en la solución

◊ Una vez expuesto el problema, causas y efectos, concéntrense en las propuestas de solución de cada uno. Alguna puede ser útil o busquen más opciones. Que en su mente siempre esté la pregunta "¿Cuál es la mejor manera en que juntos solucionemos esto?"

7. Hagan un acuerdo y llévenlo a la práctica

◊ No busquen a la primera el acuerdo definitivo y perfecto. Si llega, estupendo. Si no, pongan a prueba cualquier propuesta viable y hagan ajustes o después siéntense a renegociar. Lo importante es que al inicio hagan algo, de preferencia diferente a lo que han hecho, y vean cómo les funciona. Aquí la buena voluntad y el cumplimiento de acuerdos es fundamental para no empeorar las cosas.

8. Reconozcan sus límites.

◊ Si sienten que las emociones o el asunto los rebasa, no esperen más. Busquen ayuda profesional con un buen psicoterapeuta.

CAPÍTULO

7

El naufragio

Sin perdón no hay futuro,
pero sin confesión no hay perdón.

Desmond Tutu

Ya hablé hace un par de capítulos de las discusiones y lo dañinas que son de no resolverse adecuadamente; ahora me referiré a otras situaciones que provocan tensión y más discusiones, pero sobre todo a lo que es realmente destructivo para una relación y, finalmente, algún protocolo de acción.

Las razones que cada uno tenga para permanecer o marcharse de una relación son muy variadas. Cada uno sabrá hasta dónde llegan los límites de tolerancia o el tamaño de sus necesidades y miedos. De eso hablaré: lo que se soporta por el bien de qué, o de quién, al conservar una mala relación. Los sacrificios no son una buena idea porque, al final, no se redime a nadie y se sufre inútilmente.

Icebergs en su ruta

¿Recuerdan que no todos los problemas de pareja son de pareja, sino individuales que cada uno arrastra a su relación? Tal como hacen las olas del mar con la basura:

alguien tiró sus desperdicios o salen a flote los restos de un naufragio, y ahora nuestra playa está sucia. Problemas no resueltos en la infancia, vivencias que nos marcaron o la resaca de relaciones pasadas nos moldean y determinan nuestra manera de actuar.

Subrayo la importancia de que cada uno atienda cualquier problema personal que derive en conflictos para cada uno o en sus relaciones interpersonales. Algo serio que no se atiende afectará a la pareja y a nuestros hijos, mediante cadenas de disfunción que van más allá de lo que imaginamos. Algunos de esos problemas son como icebergs con los que nuestro barco puede chocar y hundirse, o nos obligan, por nuestra propia seguridad, a abandonarlo antes de que se hunda.

De hecho, si detectas algunas de estas conductas, lo mejor será ponerse a salvo. Es imposible que una persona no entrenada y capacitada para ello atienda exitosamente estos elementos, porque, en todo caso, tú serías solamente un miembro de la pareja y no un terapeuta o profesional calificado en el problema de que se trate. No puedes obligar a alguien a estar bien si no cobra conciencia de lo mal que se encuentra, a pesar de los efectos devastadores quizá evidentes para ti y para el resto del mundo. Veamos algunas de estas graves conductas que pueden hundir su barco.

- *Violencia y abuso.* Una persona agresiva, violenta y explosiva es un grave problema para todos. Independientemente de su causa, no controlar los impulsos lleva a las personas a actuar de maneras peligrosas. Todo inicia con maltratos psicológicos e insultos. Actitudes de desprecio que te minimizan, burlas y gritos. Lo que sigue es peor: empujones o golpes. Algunos cobran conciencia de lo que han hecho o dicho hasta que ya pasó el acto agresivo, cuando el daño está hecho, y parece que se arrepienten, piden perdón y entran a una fase conocida como "Luna de miel", pero es cuestión de tiempo para que la tensión se acumule y la agresión surja de nuevo. Es una espiral interminable que acabará por tragarte, porque además de que el ciclo se repite, cada vez escala episodios más y más serios. Veamos este esquema clásico de lo que les hablo:

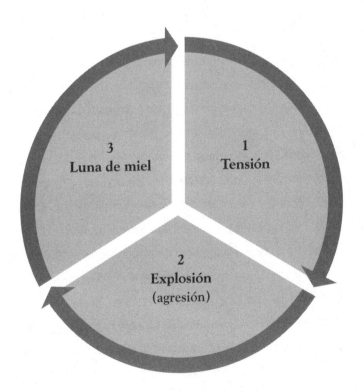

Lo más sabio si eres víctima es ponerte a salvo cuanto antes. Si no lo haces por el grado de violencia al que han llegado, o porque genuinamente temes la reacción de tu pareja, necesitas ayuda. En internet, teclea "Centro de Atención a la Violencia Intrafamiliar" y agrega tu ciudad o localidad. Seguramente obtendrás asesoría.

● *Adicciones.* La adicción al alcohol o a las drogas también conducen a la violencia, pero no sólo a eso; se altera la conciencia y la persona ya no actúa en libertad, sino inducida por el efecto de la sustancia. Parte del problema aquí es precisamente la adicción que genera. La persona ya no puede dejar de consumirla y su consumo se incrementa debido a que cada vez más necesita una dosis mayor para recuperar el efecto. Muchas personas buscan tratamiento, pero a pesar de eso, cifras a nivel mundial afirman que el porcentaje de recaída es mayor que el de recuperación definitiva. Entre 60% y 80% de las personas que reciben tratamiento por alguna adicción recaen, muchos en el término de un año, otros en 3 meses, de acuerdo con un estudio publicado en el *Journal of Neuropsychopharmacology* de 2012. Por supuesto, no se abandona a su suerte a un ser querido ante una adicción; sólo observa, de ser el caso en tu relación, si tu pareja está más interesada y coopera más de lo que tú lo haces para recuperarse. Si es así, la cosa tiene peor pronóstico aún. Yo sé que la culpa puede ser grande, pero si se hacen grandes esfuerzos con pobres resultados, la vida se te va en hacer flotar un barco que hace buen rato se fue al fondo del mar.

- *Deslealtades importantes.* Hay muchas maneras de romper la confianza de quien nos ama. Dinero, alianzas con personas que no buscan nuestro bienestar o bien ocultar información que nos afecta "por nuestro propio bien". Sea como sea, cada uno tiene su umbral de qué es grave y qué no, y esto es algo dinámico a lo largo del tiempo. Por ejemplo, si ahora mismo propusiera una lista de tres cosas que no perdonarían a su pareja tal vez pondrían infidelidad, violencia y mentira. Pero en realidad sólo enfrentando la situación, observando su momento y circunstancia, decidiremos qué actitud adoptar al respecto. Una sola deslealtad, si la reconoce el infractor, puede ser perdonada. Pero si es sistemática eso ya no pinta bien. ¿De qué sirve que te pidan perdón una y otra vez por lo mismo? Ahí no es el infractor el más dañado, sino el que, por lo que sea, deja pasar constantemente las transgresiones. Pero cada uno decide, pues sólo uno sabe lo que "compra" y el precio que paga en una relación. A pesar de esto hay elementos a observar ante las deslealtades, más allá de que sean por primera o única vez. Me refiero a la actitud del infractor ante lo ocurrido. Nada más pedir perdón no funciona; se necesita la confesión del acto, una toma de conciencia plena de lo ocurrido y sus efectos, y un compromiso de no volver a fallar. Sin esto navegarán por aguas peligrosas. Para perdonar una deslealtad, con esperanza de una recuperación real, necesitamos que el infractor adopte las siguientes conductas:

◊ Que admita su falta explícitamente.

- No es suficiente con un "perdóname". El infractor debe reconocer explícitamente su falta y "confesarla", de manera que el ofendido sepa que cobró conciencia plena de su acción y asume la responsabilidad.

◊ Que muestre vergüenza y genuino arrepentimiento.

- Una falta seria no puede tomarse a la ligera. Si el infractor se empeña más en salvar el pellejo que en mostrar arrepentimiento, la cosa no va bien.

◊ Que reconozca el daño hecho.

- No sólo el reconocimiento de la falta es importante, también la forma en que nos lastimó. Es necesario escuchar del infractor que está preocupado por los efectos de su acción en la pareja.

◊ Que se comprometa a no lastimarnos más de esa forma y lo cumpla.

- Un "Ya ahí muere" nunca es un buen cierre. Debe haber una promesa explícita y su cumplimiento para dejar claro desde ese momento la consecuencia de no cumplirla a cabalidad.

Veamos un ejemplo de la manera incorrecta y correcta de hacer esto.

Incorrecta	Correcta
- Ya perdóname. - ¿Por qué? - Por lo que te haya hecho. Lo del dinero pues…	- Por favor te pido que me perdones por haber tomado el dinero de los ahorros sin haberte avisado.

- Ándale, ya perdóname, no fue para tanto, ya te dije que voy a reponer el dinero. Además es de los dos, ¿no?	- Me siento sumamente avergonzado y nunca debí traicionar la confianza que tenías en mí. Entiendo totalmente tu molestia, es justificada. No tengo excusa, estuvo muy mal lo que hice.
- Mira, al final es dinero que va y viene. Malo que hubiera apostado la casa en la baraja o algo así. Esto tiene remedio. Yo creo que exageras.	- Sé que te debes sentir muy mal. Con mucho enojo y hasta tristeza. Esto debe afectarte de manera muy importante y es lo que más me duele, hacerte sufrir por mi error y mi irresponsabilidad.
- Ya pasó, pues. No empeores las cosas, vamos a estar bien para salir de esto juntos, ¿sale?	- Te pido nuevamente que me perdones. Voy a reparar el daño material, pero sé que el moral será muy complicado y estoy dispuesto a trabajar en ello. Te prometo que no vuelvo a hacer algo como esto y sí así fuera, estás en todo tu derecho de terminar esta relación. Pero te reitero que esto nunca volverá a pasar.

Muchas veces estas faltas se revelan no por confesión del infractor, sino por algún descuido y tú lo cachas. No importa que te jure que estaba a punto de confesártelo, pero que no sabía cómo. Si la persona no reconoce su falta espontáneamente, eso en definitiva le resta puntos de manera importante. ¿Cuándo crees que te lo iba a decir si tú no te enteras?

La anterior no es ni con mucho una lista exhaustiva de los problemas serios a los que pueden enfrentarse como pareja, pero quizá sí los más frecuentes y significativos y de los que más daño causan.

Se preguntarán por qué no está aquí en estos grandes temas el de la infidelidad. Bueno, porque, por extraño que parezca, no siempre y no para todos es un motivo automático e inmediato de ruptura. No deja de ser una transgresión importante a la confianza, pero el carácter dramático se lo agregamos nosotros a través de nuestros filtros personales de valores y creencias. Aun así, hablemos un poco de ella a continuación.

Sirenas y remolinos
La infidelidad

En el Capítulo 5 mencioné las tres razones o elementos que conforman el compromiso o la decisión de conservar una relación: alta satisfacción, bajas alternativas y alta inversión, ¿las recuerdan? Bueno, pues algunas personas consideran una "buena alternativa" sostener una relación romántica con alguien distinto a la pareja. Para muchos es hasta una oportunidad de conocer, experimentar o buscar algo más y no porque le haga falta, pues ya veremos que un importante porcentaje de personas infieles se declara muy feliz en su relación, sino simplemente porque la oportunidad está ahí.

Entonces, a pesar de estar presente el elemento "satis-facción" en su relación actual, si tu pareja es poco selectiva y considera como una "buena alternativa" todo lo que tiene vida, las oportunidades serán infinitas.

Ya en mi primer libro dediqué un largo capítulo al tema, así que no me detendré mucho en analizar el punto. Sólo una pregunta para quien en este momento sostiene una relación paralela a la formal. ¿Es la infidelidad como una droga, que te ofrece un placer inmediato, pero a la larga daña la salud de tu relación y a pesar de saberlo no la dejas? Entonces actúa como si de una droga se tratara. Busca ayuda profesional antes de que sea tarde y "te quedes en el viaje".

Sé que muchos que leen este libro, solos o en pareja, no han sufrido en su relación las turbulencias de una infidelidad (o al menos no que lo sepan). Como no es buena idea resguardarse bajo el manto del optimismo irracional, veamos a continuación un ejemplo muy interesante.

A nosotros no nos va a pasar

¿Qué harías si tu pareja te pone el cuerno? Es una pregunta que todas las personas que sostienen una relación deberían hacerse. Desgraciadamente no solemos tener una cultura de la prevención y así nos pasan de noche simulacros de sismo, incendio, evacuación y hasta infidelidad. Tener un plan de acción ante cualquier eventualidad, especialmente una tan dolorosa como ser engañado, no sólo es útil sino hasta necesario si se quiere sobrevivir. Pero lo que viene también puede ayudarte si la infidelidad ya ocurrió.

Volvamos a la pregunta ¿qué harías si descubres que tu pareja te es infiel? Respuestas comunes son:

- La mando al diablo a la de ya (impulso), pero además me desquito (venganza).
- Eso no nos pasará a nosotros (negación), porque nos amamos (idealización) y porque confío en mi pareja (fe ciega).

En general confiarse o negar el riesgo es la peor estrategia; la realidad es que ninguna relación está blindada contra una infidelidad. Incluso diferentes estudios afirman que en promedio 40% de los hombres y 25% de las mujeres han engañado a su pareja al menos una vez (y no a todos los han cachado) y 56%

de hombres y 34% de mujeres que fueron infieles reportan estar, de muy contentos, a bastante satisfechos, con su relación.

Si tu estrategia es la de la fe, o la de jugar con los porcentajes pensando que estás del lado "bueno", recuerda que las cosas no suceden o se evitan sólo con desearlas.

¿Actuar por impulso?

Si elegiste la primera opción, la de mandarla al diablo por la vía del *Fast track,* seguro hasta te dan ganas de meterle por la boca un carbón caliente o cortarle… las alas. A lo mejor hasta quieres exhibir a tu pareja y a su amante para que el mundo, su familia y hasta sus/tus hijos se enteren de qué clase de personas son. La verdad es que tu pareja, en este supuesto, podrá haber sido infiel contigo, pero no necesariamente lo ha sido o lo tiene que ser en todas las áreas de su vida ni con todo el mundo. Es verdad que su calidad moral se compromete, pero no todo infiel roba bancos, ni todo ladrón de bancos es infiel, ¿me explico? Una persona infiel puede ser un buen padre o hijo, hasta buen amigo o excelente profesionista. Y conste que no los defiendo, sólo hago esta reflexión porque me parece importante.

El deseo de venganza y de "justicia" o compensación pueden llevarte a buscar la compasión del mundo para crucificar al infiel. ¿Pero qué pasa si lo logras? ¿Qué obtienes al arruinar la reputación del otro, especialmente si hay hijos? Vengarte, por supuesto, pero no me refiero a eso. Mi pregunta concreta es: ¿Cómo vengarte te hará mejor persona?

Otro efecto de padecer una infidelidad son los pensamientos compulsivos que surgen en momentos y días posteriores: no te ayudan a sentirte mejor y vienen entintados de una alta carga de distorsión emocional. Llegan a tu mente voces que te quieren convencer de que "todo el amor y la relación fue una mentira, nada valió la pena, lo has perdido todo, fracasaste, tu familia está destrozada, es una injusticia y tú eres la víctima. Pensamientos, especulaciones y creencias distorsionadas que te harán sufrir más.

Al final, cuando el enojo o la repugnancia (que suelen ser las emociones primarias en estos casos) dejen paso a otras emociones y sentimientos como la soledad, la vergüenza o la tristeza, verás lo que hiciste como si acabaras de despertar de una borrachera de odio, con la cruda moral y mirando el desastre con un dolor de cabeza insoportable.

Remolino de dudas y preguntas sin respuesta

Probablemente si sufrieras una infidelidad te preguntarías "por qué". Si es el caso, no sé si estarías listo o lista para cualquier respuesta. Seguramente especularás sobre si la otra persona le da a tu pareja algo que tú no, si es más joven, más atractiva o si es por sexo. Pueden ser las razones más obvias, pero no las únicas. Quizá hay otras respuestas no consideradas. Incluso tú misma pareja podría no ser consciente de ellas. Supón que ante tu pregunta "¿Por qué lo hiciste?" te responde algo como:

● Porque quiero ser más feliz que todo lo feliz que soy contigo.
● Porque tengo necesidad de libertad, novedad, autonomía, intensidad, aventura, misterio, de un secreto y sentirme admirado, amado, escuchado... (por alguien que no seas tú).

- Porque quiero ser otro diferente al que me convertí en esta relación.

- Porque no quería que lo obtenido hasta ahora fuera todo lo que me diera la vida.

Todo eso es muy válido y quizá tuviste las mismas inquietudes en algún momento, pero ¿sabes qué? Tú no decidiste actuar por tu cuenta como el otro. Aunque quizá reprimiste tus necesidades por el bien de la relación. ¿Suena a sacrificio? Recuerda que una mejor opción a una mala relación no siempre es otra relación, hay quien prefiere estar solo, pero también quien cree que no puede estarlo y entonces comete todos estos atropellos en nombre de su "libertad" o "felicidad".

Aun así, la intención consciente nunca es lastimar y tampoco se puede acusar de falta de empatía al engañador o engañadora, porque quien engaña suele hacer todo lo posible, al menos conscientemente, para no ser descubierto. Quizá por vergüenza y culpa, pero también por proteger del dolor de la verdad a una pareja y no acabar con la relación. Probablemente cuando hace lo "prohibido" se engaña a sí mismo pensando que hace lo que quiere, como con las drogas.

Finalmente, quizá no hay una sola razón o no una identificada con claridad. Entonces, ¿aún quieres saber por qué lo hizo? ¿Para qué...? ¿Para entender, reparar o castigar?

Entonces, ¿qué hacer?

Supongo que cada uno actuará en su momento como pueda. Por eso les ofrezco un pequeño protocolo por si lo necesitan, y francamente espero que no.

1. *No te precipites en decidir de inmediato: "Me voy o me quedo en esta relación."* Deja que las aguas se asienten para ver con claridad. No resolverás esta situación en una noche y menos con las emociones tan alteradas.

2. *Prepárate y reconoce tus emociones que serán muchas y variadas como una montaña rusa emocional.* Busca tiempo para ti, para sentir y expresar tus emociones. Cuídate, busca no estar en soledad, pero no te rodees de alguien que lejos de contenerte le eche más leña al fuego.

3. *Siente, pero no hagas todo lo que tus emociones te dictan, especialmente si es algo radical, agresivo o destructivo.* Deja que se nivelen y acompañen a tu razón en la toma de decisiones.

4. *Escucha, pero no hagas todo lo que te dicen tus amigos y familia.* No es su vida, no es su relación y su voluntad será muy buena, pero ellos no sufrirán como tú, así que piensa antes de aplicar sus consejos. Nadie sabe exactamente por lo que pasas, así les haya sucedido a ellos. Agradece la disposición, pero no olvides que los demás proponen, pero tú decides.

5. *No busques venganza.* Ante todo, y ante todos, preserva tu dignidad. Actúa conforme a la persona que eres, no según te sientes.

6. *Escucha a tu pareja, trata de entender lo que te diga y tú dile cómo te sientes.* Busca entender sus causas y que tu pareja entienda los efectos en ti.

7. *Remplaza preguntas inútiles.* (¿Dónde le conociste? ¿Cómo se llama? ¿A dónde iban? ¿Dónde tenían sexo, cada cuándo, cómo es?) por preguntas más profundas (¿Qué significó esta aventura para ti? ¿Qué obtuviste que no pudiste tener en nuestra relación? ¿Qué sentías al verme? ¿Qué valoras de nuestra relación todavía?)

8. *Reconoce si esta infidelidad es algo que te toma por sorpresa o es el último clavo que le faltaba al ataúd de una relación que ya hace rato estaba muerta.* Igual es una oportunidad para abrirte los ojos a una verdad que no aceptabas.

9. *Concéntrate en ti.* Probablemente quieras salvar la relación a como dé lugar por lo que has invertido en ella, por los hijos o porque, reconozcámoslo, amas a tu pareja. No la fuerces a ir a terapia de pareja si no quiere; busca ayuda para ti, de manera que tengas más claridad para tomar decisiones acerca de tu relación.

10. *Cuando estés listo decide.* Con la mente más clara, las emociones más equilibradas y una visión objetiva del futuro, piensa si la relación es rescatable, si estás en disposición de emprender un largo y complejo camino y vivir al lado de tu pareja con esto. Pero sé consciente

de que seguir no garantiza que podrás lograrlo o que eventualmente tu pareja querrá también pasar por todo esto. Su castigo no es quedarse a la fuerza contigo.

11. *No lo hagas eterno.* Si pasados algunos meses, si habiendo conversado y recibido ayuda profesional no puedes con todo esto, lo mejor es terminar la relación antes que convertirla en una pesadilla recurrente que dure el resto de tu vida.

Aguantemos por los niños

Esta frase es de las más socorridas cuando alguien no quiere separarse de una pareja. Ya sea porque la preocupación es genuina, porque detrás de ella hay un miedo personal o porque ya se le adelanta al infractor su castigo si no quiere seguir; no sólo se le acusará de desleal al compromiso de la pareja, además se le achacará el abandono de angelitos indefensos.

Sería irresponsable afirmar que cuando los padres se divorcian o separan a los niños no les pasa nada. Hay muchos libros que dan buena cuenta de los efectos en los niños. Es más, hay autores que auguran efectos catastróficos en la vida adulta de ese niño que transitó a través del divorcio de sus padres. La cuestión es que, de manera consistente, y a pesar de los catastrofistas, la literatura científica no apoya hasta el momento la creencia de que los efectos del divorcio se extienden de manera generalizada hasta la vida adulta y que, si lo hacen, no tengan remedio. Por ejemplo, un estudio, realizado en la Universidad Estatal de Pennsylvania por el sociólogo Paul R. Amato, examina los efectos del divorcio a largo plazo en niños. Se hizo un estudio longitudinal dándoles seguimiento hasta la adolescencia tardía. Unos eran hijos de padres divorciados y otros no. Se evaluaron factores como logro académico, problemas emocionales o de conducta, acciones delincuenciales, autoconcepto y relaciones interpersonales. El resultado fue muy interesante. Tanto los hijos de padres divorciados, como quienes vivieron con sus padres, mostraron resultados muy similares en todas estas áreas. Es decir, tenían problemas unos como otros y también ambos grupos mostraron logros a lo largo de su vida.

El doctor Hal Arkowitz, profesor emérito del Departamento de Psicología de la Universidad de Arizona, cita otro estudio longitudinal de 25 años realizado de la misma manera. Los resultados dicen que 25% de los hijos de padres divorciados experimentaron problemas en la adultez en aspectos sociales, emocionales o psicológicos. ¿Pero y los hijos de padres no separados? Bueno, 10% de ellos mostró los mismos problemas. De esto podemos deducir que la diferencia es de 15% entre uno y otro grupo. Si bien notable, no es significativa y nos habla de que la mayoría de niños bajo la condición de divorcio no sufrieron efectos notables. Pero aún hay más; este 15% que tuvo efectos negativos, aun no queda claro si fueron efecto del divorcio o por otros factores que causan un impacto negativo en la vida de los niños.

Factores que afectan el bienestar de los hijos tras una separación

● La relación posterior de los padres luego de la separación.

◇ Si es armoniosa será un factor protector. Si los padres están en conflicto constante, eso dañará al niño más que cualquier otra cosa entre ustedes. Reduzcan su nivel de conflicto o no lo hagan evidente a sus hijos (no peleen frente a ellos).

● Con quién vive el niño

◇ Hay personas que se adaptan mejor que otras a una separación. Pero, en general, ante una ruptura de pareja suele haber una persona que deseaba la separación y la otra no tuvo más remedio que aceptarla. Si el niño vive con la menos adaptada, sin importar si es el padre o la madre, literalmente se verá infectado por estados emocionales como resentimiento, envidia o celos. O efectos psicológicos como depresión o ansiedad.

◇ Lo ideal sería que no convivieran tanto con el progenitor menos adaptado, hasta que reciba ayuda profesional. Un padre o madre ausente es mejor que uno disfuncional.

● La frecuencia y calidad de los contactos con los hijos tras la separación.

◇ Hay que mantener las cosas claras. No pocas veces los hijos se quedan con la madre y el padre los visita en la que fue casa parental. Si es así, deben evitarse en lo posible rutinas que hagan pensar al niño en la posibilidad de que reanuden su relación (a menos que de verdad tengan intención de hacerlo). No ayuda que quien no vive con ellos se quede a cenar, vea la tele y, en general, haga una vida como la que llevaban. Esto puede crear confusión en los hijos, que se hacen falsas ilusiones. La claridad es mejor que la caridad y la lástima por no verlos sufrir.

● Lo que uno le dice al hijo acerca del otro, de quién es y de las causas de la ruptura.

◇ De ninguna manera deben hablar mal el uno del otro frente a los hijos. Si las cosas resultaron desastrosas entre ustedes, por lo que sea, eso no le incumbe al menor. La relación de los hijos con ustedes no tiene nada que ver con la fallida relación de pareja. Decirle a un niño "tu madre está loca" o "tu padre es un maldito irresponsable", no es una idea muy brillante sino muy poco inteligente.

◇ Adicionalmente, las razones por las que terminaron deben ser explicadas de la manera más general posible. A los niños lo que les interesa es sentir que son amados, cuidados y que de ellos no se "divorcian". No tienen que decirle "es que papi y mami se dejaron de querer", a menos de que quieran que el niño a partir de ese momento desarrolle ansiedad porque lo dejen de querer a él también y lo abandonen. Éste no es un libro para abordar el divorcio y sus efectos en los hijos, así que hagámoslo simple. Se les comunica a los hijos que hablaron y decidieron separarse, que eso no afectará el cariño y cuidados que se les tienen; de ahí en adelante se les explica con quién se van a quedar, la dinámica que se propone para la convivencia y se les da oportunidad de expresarse.

◇ No apliquen por favor la de "ándale, te quieres divorciar ¿no?, ahora vas y explicas a tus hijos la verdad, que te vas de caliente a formar otra familia… vengan niños que su padre/madre tiene algo que decirles". Lo ideal, como ya mencioné, es comunicar a los niños la noticia en un estado de relativa calma, que no le den información que no necesita y atiendan sus dudas. Lo más importante es asegurarle que los seguirán queriendo, cuidando y que su familia seguirá siendo su familia, aunque ahora no estarán todos juntos. Recuerden que un niño o niña hará todo lo que esté en su poder para que no se separen, pero no buscando su felicidad matrimonial, sino su propio bienestar.

Dejar a los hijos a bordo de un barco que se hunde no vela por sus mejores intereses. Sus hijos estarán bien cuando ustedes lo estén, juntos o separados. Ellos necesitan un ambiente donde tengan la seguridad de que serán amados, cuidados y protegidos y eso no lo logras en un barco lleno de pólvora con padres que echan chispas y de mecha corta.

No te ahorres la culpa de darles una familia separada; acabarás pagando con la de darles una vida infeliz.

Otras formas de naufragar

No querer cambiar

Ya en el capítulo anterior mencioné que uno no puede cambiar al otro, muchas veces ni siquiera con su consentimiento. El cambio viene de adentro, ya sea a partir de la convicción o de la conveniencia, cuando cierta conducta o actitud nos da problemas. Sin embargo, ciertas conductas extremas o persistentes se vuelven un problema, aunque sientas que eres muy gracioso/a o no tiene nada de malo.

Tu pareja, inclusive otras personas, te pueden dar la pauta para identificar de qué hablo. Por ejemplo, piensa:

- ¿De qué se queja más de ti tu pareja?
- ¿De qué se quejan más de ti los demás?
- ¿Cuál ha sido tu característica o conducta que más problemas te ha traído en la vida?
- Si te murieras mañana y te recordaran por una sola de tus cualidades o características, ¿Cómo serías recordado? Como el/la_____. (Ejemplo: enojón, bromista, amargado, alegre, buen amigo, infiel, traicionero, dos caras, etcétera).
- ¿Por cuál de tus características infantiles te regañaban más tus padres y/o maestros? ¿Persiste aún en tu vida adulta?

Claro, me dirás que uno es como es y así viene el modelito. Que quien te quiera lo haga como eres, ¿cierto? Y tienes toda la razón, sólo que si tus peculiaridades y rasgos de personalidad chocan con lo que tu pareja es capaz de tolerar, o se encuentran muy desviados de la norma (exagerados), quizá te espere a la larga una vida muy solitaria.

Es que así soy

Decir esto no es del todo cierto. No "eres", "estás siendo" y así aprendiste a comportarte por alguna razón. Estamos en constante cambio, para bien o para mal. El que eres hoy le da forma al que serás mañana, igual que tu forma de ser actual quedó determinada por cómo fuiste y cómo te han moldeado tus experiencias de la vida. Esto es más que una idea inspiradora. Una investigación realizada en 2015 en la Universidad de Illinois por el doctor Nathan Hudson, publicada en el *Journal of Personality and Social Psychology*, afirma que si una persona desea cambiar un rasgo de su personalidad, puede hacerlo si encuentra el método adecuado. Pero aquí el secreto es la palabra "quiere". Si la persona no lo desea, principalmente porque no sienta la necesidad de hacerlo, no habrá poder humano que lo consiga. En el estudio de referencia, las personas que deseaban cambiar ciertos rasgos fueron asesoradas por un equipo de expertos y mediante un protocolo establecido. La conclusión es que en un lapso de 16 semanas, la persona con la intención de cambiar consiguió hacerlo. Evidentemente, para esto se necesita primero la conciencia de que el cambio es necesario, el deseo de hacerlo, el método adecuado y la persistencia necesaria. No es tan sencillo como sólo desearlo, pero éste es justamente el factor clave para conseguirlo.

Sobra decir que el enemigo del cambio es la rigidez, la inflexibilidad, la necedad, poca empatía y/o la reactancia psicológica de la que ya hablé. Y quiero resaltar aquí la poca empatía, pues cuando uno tiene una relación de pareja, ya no es uno contra el mundo. Ahora se forma parte de un nuevo sistema, quizá uno que debería ser muy simétrico en términos de la relación donde el bienestar del otro debería ser de nuestro mayor interés; al menos por nuestro propio bienestar.

Chantajes y amenazas

En una relación te pueden amenazar con irse; eso no deja de ser triste, pero no es tan aterrador como cuando alguien te amenaza con quedarse contigo el resto de su vida. Antes, cuando el divorcio requería causales y el consentimiento de ambos, la amenaza era: "¡Nunca te voy a dar el divorcio, me oyes, nunca!" Hoy es más un: "¡Te voy a dejar en la calle!"

¿De qué te sirve tener cerca alguien que te demuestra o quizá hasta te dice que ya no quiere estar contigo? Quizá me digas que por amor, pero debemos asumir que, en el arte de dejar ir, muchas veces renunciamos a algo que amamos cuando dejó de hacernos bien y se convierte en un problema. Por supuesto, tienes derecho a ser feliz, eso nadie lo cuestiona, sólo asegúrate de que el barco en que vas lleva esa dirección y que no sea la barca de Caronte que te lleva al inframundo.

Necesitamos cerrar relaciones pasadas, dejar ir y salir por la puerta del frente con dignidad. Esto no implica que la otra persona no asuma las consecuencias de sus actos, si legalmente debe hacerlo, pero eso no te convierte en víctima, juez y verdugo. Tu prioridad es ponerte a salvo, no buscar la justicia por mano propia. De esto ya hablé, sólo quería recordarlo y resaltarlo, por si de casualidad te saltaste esa parte.

La tormenta perfecta

Para concluir este capítulo, y recapitulando lo que hemos visto, podemos afirmar que hay algunas señales que indican que es momento de pensar seriamente en el futuro de este viaje y tomar decisiones.

- Dejaste de confiar o de contarle cosas a tu pareja porque sientes que ya no le importa o eres "regañado/a" o criticado/a por el otro.
- Su modo de interacción se basa en la crítica, el desprecio, los gritos constantes y las peleas por cualquier cosa. Esto ha aumentado.
- Todo intento de resolver el problema es inútil, incluso empeora la relación.
- Al menos uno de ustedes ya no tiene ganas de hacer nada por rescatar algo de esto porque está harto. No es el enojo, sino la indiferencia lo que predomina en este caso.
- Al menos uno de ustedes ya no se siente a gusto en esta relación y por su mente pasa constantemente la idea de irse, sólo espera el momento "indicado" o el "cómo" hacerlo sin mayores consecuencias negativas. Incluso se está dispuesto a renunciar a lo invertido con tal de no invertir más.

Antes de irse

Pero no te apresures, es cierto que éstas y otras señales (excepto la violencia) no necesariamente indican que debes salir corriendo. Pregúntense qué no han intentado todavía. Hacer más de lo mismo les devolverá justamente eso. Es necesario buscar otras soluciones. Si la creatividad ya se les acabó y se desesperan, ¿por qué no buscar ayuda profesional, incluso como último recurso?

En la búsqueda de ayuda es importante considerar a quién recurrirán. Es importante que haya empatía con quien los atienda, así como profesionalismo y claridad. La sensación de que avanzan, sin esperar milagros en tres sesiones, por supuesto, también es fundamental. La Asociación Psicológica Americana (APA), recomienda hacer las siguientes preguntas al psicoterapeuta elegido:

1. ¿Eres titulado/a? ¿Dónde estudiaste?
2. ¿Hace cuánto tiempo trabajas en la psicoterapia?
3. ¿En qué te especializas? ¿Adultos, jóvenes, parejas, etcétera?
4. Tenemos problemas de pareja que consisten en X, Y y Z. ¿Cuál es tu experiencia en ayudar a personas en casos como el nuestro?
5. ¿Qué corriente terapéutica aplicas? ¿En qué consiste? ¿Qué tan efectiva ha sido para nuestro problema?
6. ¿Cuáles son tus honorarios? (las sesiones suelen ser generalmente de 45 a 50 minutos, no siempre de una hora como mucha gente piensa).

Si luego de recibir ayuda de por lo menos dos diferentes terapeutas especializados en su caso, máximo tres, no sienten que la ayuda es eficiente, entonces quizá sea momento de pensar en despedirse. Pero intenten lo no hecho si quieren seguir juntos. Al hacerlo, estarán seguros de que no era cuestión de desamor o falta de voluntad, sino quizá de diferencias irreconciliables.

¿Qué vimos en este capítulo?

- Ciertas conductas deben ser intolerables como fundamento de una relación sana. Violencia, agresión, abuso de cualquier tipo, adicciones o deslealtades importantes. Una relación no es para "sobrevivirla", sino para florecer con ella.

- Cuando hay una infracción y un infractor, debe existir la conciencia de la dimensión del acto y lo que ocasiona. Alguien que ha lastimado a su pareja debe reconocer que lo hizo, mostrarse avergonzado por ello, tener conciencia de cómo nos hirió y comprometerse a nunca lastimarnos de esa manera (y cumplirlo, por supuesto).

- Las reacciones emocionales ante una infidelidad son variadas e intensas, pero responder sólo desde la emoción no es una buena idea. En estos casos, hallar la manera de que los centros emocionales del cerebro se comuniquen es esencial y eso se consigue practicando o buscando ayuda profesional.

- Conservar una mala relación "por el bien de los hijos" es peor que la mala relación en sí misma. Es verdad que, de una forma u otra, los hijos padecen las consecuencias de la separación de sus padres, pero resultan peor las secuelas de una relación disfuncional.

● Resistirse al cambio y al crecimiento personal es otro gran obstáculo para que la relación navegue por mares tranquilos. Cada uno necesita hacerse responsable de su salud mental y buscar la ayuda necesaria cuando alguna conducta afecta la relación.

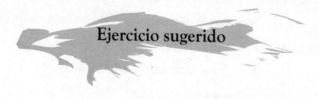

Ejercicio sugerido

Generando el cambio personal

Como dije, cada uno es responsable de cambiar lo que crea necesario. La voluntad y perseverancia son elementos importantes, pero también tener un protocolo o una herramienta para hacerlo. Si estás en vías de buscar un buen terapeuta, prueba mientras lo siguiente:

- Identifica la conducta o rasgo que desees cambiar en ti. Ahora, piensa qué te gustaría tener o hacer en lugar de lo que deseas cambiar.

  ◇ Por ejemplo, si eres emocionalmente tacaño con tu pareja, piensa qué harías diferente si fueras, por ejemplo, más generoso con tus emociones hacia ella.

- Visualiza en ti conductas más acordes con lo que quieres lograr y compórtate "como si ya las tuvieras".

  ◇ Siguiendo el ejemplo anterior, imagínate qué acciones concretas podrías realizar ese día. Quizá un beso de despedida o al llegar a casa si no lo acostumbras.

  ◇ Luego llévalo a la práctica. De inicio quizá no "te nazca" hacerlo o te sientas raro, pero la práctica hará que te sientas más confortable con este cambio.

● Persevera.

◇ Si al principio no te sale bien, es normal. No te castigues ni te des por vencido. Todos los días haz algo que te acerque a tu meta, aunque te parezca pequeño o insignificante, incluso aunque tu pareja no lo note. Lo que importa es crear en ti un patrón de conducta, no un cambio milagroso.

8

¿Cuántos atardeceres han sentido juntos?

*La libertad no vale la pena
si no incluye la libertad de cometer errores.*

Mahatma Gandhi

De niño alguna vez leí el artículo "Una fracción de segundo en el paraíso". Se refería al fenómeno de refracción de la luz solar que se observa al amanecer y al atardecer en el horizonte, especialmente en el mar, cuando el sol sale o se pone. Un breve destello de luz verde que dura apenas un par de segundos. Incluso Julio Verne escribió una novela llamada así: *El rayo verde*, aludía a este fenómeno natural.

En ese artículo, del que honestamente no recuerdo dónde lo leí, el escritor narraba el indescriptible sobrecogimiento y paz que le dio ver una vez ese elusivo rayo de luz.

No obstante, podemos adivinar que esa dicha es pasajera. El verdadero aprendizaje y placer está en la observación de muchos atardeceres; unos desde la playa y otros desde la ciudad. Unos más memorables que otros y no siempre apreciados únicamente a través de la vista. No es sólo darnos cuenta de cómo el color del día cambia a tonos amarillos, naranjas, rojos, azules y grises, sino además percibir los sonidos de las aves que regresan a sus nidos y la sensación del cambio térmico que llega con la noche. Toda una experiencia, sin duda.

El atardecer es para mí como el otoño, mi época del año favorita por muchas razones, pero la principal es que ambas situaciones encierran muchas posibilidades. El cambio, la muerte de lo que ya no es útil y la espera de un nuevo amanecer o cosecha futura. Es tiempo de gratitud, de disfrutar de lo cosechado y convivir con quienes amamos, mientras los días se acortan y las noches se alargan. Momentos de inspiración y descanso. No digo que no pueda hacerse al amanecer o en verano, pero los finales y cierres nos dan simbólicamente la oportunidad de una renovación. Por ejemplo, si un día no fue bueno, el atardecer es buen momento para dejar que empiece con él el ocaso de los que hemos sido, para dar paso a los que empezaremos a ser.

Lamentablemente, ya no tenemos mucho tiempo; la vida cotidiana, las prisas, los hijos, el tránsito y la costumbre limitan nuestra capacidad de observación y asombro en diminutas prisiones fragmentadas. Miramos por la ventana y de pronto ya es de noche. Volteamos al calendario y un año que inicia, en pocos meses envejecerá. Hoy incluso la persona que alguna vez elegimos pasa a nuestro lado como algo cotidiano, algo de todos los días. Si permitimos que algo muy preciado sea parte del panorama, dejará de llamar nuestra atención;

dejaremos no sólo de prestarle admiración, sino incluso de notar su presencia.

Ya hablamos de los conflictos que surgen entre dos que conviven en una relación romántica, quejas y motivos de discusión sobran. ¿Pero qué hay de lo que a ambos les gusta hoy del otro? No pediré que necesariamente se remonten al pasado, a las razones por las que se enamoraron, ¿las recuerdan? Y no lo haré porque eso, digamos, es un truco muy viejo cuya intención es que las parejas recuerden los buenos tiempos para remover sus emociones de manera positiva. Aunque podrían hacerlo, me interesa más que nos mantengamos en el momento presente. Pero antes, hagamos un sencillo ejercicio. Imaginemos por un momento que mañana se expide una ley que diga que, en 48 horas, todos los matrimonios quedarán anulados y quienes viven juntos ya no podrán hacerlo como pareja. Que la única manera posible de seguir juntos es hacer un trámite por internet, donde manifiesten la voluntad de que su relación o matrimonio no termine. Supón también que, si decides no hacer el trámite y la relación se extingue, no habrá represalias, castigos o cuestionamientos de parte de tu actual pareja. Serás total y completamente libre. Pero es un "ahora o nunca"; si deciden renovar, la ley dice que nunca podrán separarse, literalmente hasta la muerte. Si deciden que no renuevan, nunca podrían estar juntos. ¿Qué harías? ¿Te liberas o permaneces? ¿Qué elegiría tu actual pareja?

Alta satisfacción, bajas alternativas y alta inversión, ¿recuerdan? Los tres elementos del compromiso y lo que nos hace quedarnos en una relación. ¿Después de lo leído en los siete capítulos crees que tu relación genera estos elementos? ¿Piensas que tu pareja tiene la misma perspectiva? Hagamos otro supuesto, un poco más macabro y radical: ¿Qué sucedería si la vida no te deja elegir y tu pareja muere el próximo mes? Quizá ya estás tocando madera o diciendo "cancelado". No te preocupes, ni tú ni yo somos tan poderosos, pero la pérdida es imprevisible, ¿no es así? ¿Qué de lo que hoy te molesta extrañarías si eso sucediera?

Se hace necesario entonces emprender acciones para que su barco continúe navegando mientras los lleve adonde quieren llegar. Que ambos no sólo se quieran, sino que expresen razones, sentimientos y disposición de estar juntos. No sólo con palabras, sino principalmente con acciones cotidianas. ¿Qué diferencia hace un ramo de rosas o una cena romántica en un aniversario cuando los otros 364 días del año tu pareja es sólo parte de la decoración de tu vida?

¿Puede el amor romántico durar para siempre?

Al inicio del libro cité a la doctora Helen Fisher: en su "estado natural", el amor romántico tiene una duración media de cuatro años. Después evoluciona a un amor más de apego, pero el romance tiende a terminar. No obstante, al cerebro parece gustarle estar románticamente enamorado. Un estudio realizado en 2012 y publicado en el Journal Social Cognitive and Affective Neuroscience, establece que las personas enamoradas de su pareja, sin importar si tenían unas semanas o

20 años de relación, presentaban mayor actividad en las áreas cerebrales asociadas con la recompensa y la motivación. Al activarse estas áreas, el cerebro busca más experiencias de este tipo. La pregunta es si serán siempre con la misma persona. Como ya vimos, eso depende mucho de qué tan satisfecho esté uno con la relación actual. Por eso también la doctora Fisher nos define como seres "monógamos secuenciales"; es decir, de manera natural tenmos parejas por periodos de 4 a 7 años, tiempo suficiente para la cópula, la reproducción y la crianza, y luego poner la mira en otra persona.

Por fortuna, como ya mencioné, las relaciones de pareja no son puramente neuroquímicas y sí tienen un alto componente social, por lo que el impulso de volver a buscar pareja se dirige hacia alguien nuevo o hacia nuestra pareja habitual. Insisto, eso depende mucho de los tres factores del compromiso ya citados.

Admirar

Hay personas muy "querendonas", por así decirlo. De esas que dicen todos los días "te amo" y que incluso "aman" hasta al señor sol y a cuanta mota de polvo se les cruza en el camino. Eso está bien, pero a veces cuando uno dice que ama a todo, ya el amor ni se siente. Amar puede ser sencillo, pero ¿admirar?

De acuerdo con la tipología de las emociones propuesta por el doctor Robert Plutchik, profesor emérito del Albert Einstein College of Medicine, en los Estados Unidos, el amor como sentimiento complejo, se compone a su vez de elementos entre la serenidad, la alegría, el éxtasis y la aprobación, la confianza y la admiración. No es un amor puramente emocional, sino que en ese amor profundo se necesita valorar positivamente, sentir paz y admiración hacia lo que se ama. Cuando una persona admira a otra desde la alegría y la confianza, las cosas marchan bien. Por supuesto, esto debe ser recíproco. No debe haber sólo un admirador y otro admirado, sino que cada uno debe tener un poco de ambos hacia su pareja. ¿Creen que no es importante? Imagina por un momento que a partir de hoy tu pareja empieza a decirte todos los días todo lo que admira y cuánto admira a otras personas. Al principio pasaría inadvertido pero al cabo de poco tiempo, si contigo no lo hace, experimentarás una extraña sensación que va del enojo a la tristeza.

Ahora bien, la admiración por alguien se tiene o no. A veces al conocer más a alguien la admiración aumenta, otras disminuye. Es una combinación entre las cualidades del otro y lo que tú valoras como digno de ser admirado. Si para estas alturas de la relación ya perdiste la admiración hacia tu pareja, o peor aún, nunca la tuviste, el amor romántico que le tengas estará sujeto con débiles pinzas; es cuestión de tiempo. ¿Pero qué tal si no es que ya no le admires, sino que dejaste de observar, escuchar e interesarte?

Ya dije que no les pediré que vayan al pasado remoto, sino que nos quedemos en el presente. ¿Cuáles son las cinco cualidades o características que más admiras de tu pareja hoy? Pueden ser físicas, de personalidad, de carácter o hasta actitudes. Esto debería quedarte muy claro si mantienes una conexión cercana con ella. Pero si lo piensas y no se te ocurre ni una, quizá necesitas acercarte más. Conversar, observar e indagar. No se preocupen, al final haremos un ejercicio al respecto.

Si bien puedes admirar cosas como "la capacidad de ser un buen proveedor", "ser una buena madre" o "tener ordenadas las cuentas de manera impecable", estarías admirando más bien roles o habilidades. Sería interesante pensar más en la persona y no sólo en lo que hace. La pregunta es "qué admiras", no "para qué crees que es bueno/a".

Entiendo que a veces ciertas cosas que tu pareja hace o deja de hacer no la convierten precisamente en tu personaje favorito del día, pero eso no tendría por qué hacerte perder la admiración por quién es en este momento de su vida. Esta admiración es más estable y no depende de los estados de ánimo que pueden fluctuar a lo largo del día.

Manifestar

Pero pensemos que admiras a tu pareja por cosas como su solidaridad, calidez, hermosa sonrisa, inteligencia y sentido del humor. Responde lo siguiente: ¿Cómo se lo dices en el día a día? La admiración debe hacerse explícita. Si la sientes, pero no la expresas, es como tener un regalo que nunca entregas. Nadie se entera y es como si no la tuvieras. Por supuesto, no me refiero a hacer diariamente una sesión de "te admiro por...", sino de que tus acciones correspondan con ese sentir.

Notitas de "gracias por...", frases que inicien con un "me encanta cuando tú..." y hasta un "¿Sabes cuál es una de las cosas por las que te quiero tanto?, porque..." son estupendas maneras de manifestar esa admiración.

Pero no lo hagas tan verbal si no lo deseas. Pequeños actos de amabilidad causan el mismo efecto. Prepararle una taza de café, sacar la basura, ayudarle con algo doméstico, recordar algo que te pidió y hacerlo o escucharle con atención y sin distracciones cuando te cuenta algo son también maneras de hacerle saber que le valoras y te importa. Que no hay nada más importante para ti que él o ella.

La individualidad en su relación

Amar y admirar a una pareja bien podría pasar por el punto de ebullición, como cuando sientes mucho afecto por una persona. Pero nunca debería llegar al "punto de fusión", en donde la individualidad de uno, o ambos, quede anulada por las necesidades o temores del otro. La psicoterapeuta belga, Esther Perel, afirma que no hay un asesino más letal para el erotismo y la atracción que una pareja que se recarga demasiado en el otro en busca de seguridad y estabilidad, ya sea emocional, económica o de cuidados. O que uno quiera hacer el papel de cuidador o tutor de la pareja.

La dinámica de las relaciones de pareja evolucionó gracias a la equidad de género y a las posibilidades que la libertad nos ofrece. En el pasado lo que más proveía una relación, o un matrimonio, era estabilidad y seguridad, tanto personal como para la nueva familia. Hoy ya no basta con esto. Buscamos ir más allá de las fronteras del "estoy bien" para adentrarnos en las aguas del "quiero estar mejor". Hoy las relaciones de pareja son además fuentes de autorrealización o al menos no deberían ser obstáculos para ésta.

Muchas personas desean crecer más estudiando, buscando caminos espirituales no siempre compartidos por la pareja. Se trata de creencias y convicciones profundas en que se necesita el apoyo del otro. Los tiempos de "para cuando me jubile" han quedado atrás. Hoy estamos cada vez más convencidos de que esta vida, al menos como la conocemos en este cuerpo, es una y no es tan larga como parece. Cada vez más buscamos que nuestra relación de pareja sea un barco que nos lleve o al menos nos acompañe en ese viaje. Pero esto no es simple, porque pueden ser aguas peligrosas. Hay una línea muy delgada entre buscar la autorrealización en la relación a hacerlo a pesar de la relación o, peor aún, contra la relación. Si estar con alguien se convierte en un lastre para el crecimiento personal, cada vez más personas optan por liberarse. Debo insistir en que la cultura del sacrificio no es algo que a la larga nos dará nada satisfactorio.

Pero la libertad no es solamente sobre temas trascendentales, sino también acerca de los más cotidianos. No obstante, nuestra cultura (temperamento) latina, o las creencias desarrolladas, favorecen mucho las conductas restrictivas con relación a la pareja. "¿Dónde estabas? ¿A dónde vas? ¿De dónde vienes? ¿Quién estaba en la reunión? ¿Por qué llegaste tarde?" Ni los del censo hacen tantas preguntas y las hacen cada 10 años. Las personas necesitan mantener su independencia a pesar de tener una relación de pareja. No, no se trata de que "hagan lo que les dé la gana"... o bueno, ¿saben qué? Sí, de eso se trata. Ojalá que lo que a tu pareja "le dé la gana" sea estar contigo en cada oportunidad. Eso depende mucho de cómo se sienta en la relación y no creo que nadie esté a gusto con la sensación de asfixia.

Encontrar la libertad individual no implica "cada quien por su lado", pero tampoco un "para todos lados juntos", a menos que cualquiera de esos arreglos, o lo que esté en medio de ambos, les funcione como pareja y como personas. Por ejemplo, ambos pueden combinar actividades de pareja y personales. Compartir con tu pareja una afición por algo que le apasione o que ella comparta un pasatiempo contigo. Tener amigos comunes es natural, pero también lo es tenerlos cada uno por su cuenta sin que ello represente un "tengo que conocer a todos tus amigos"; suele darse de manera natural, pero no debería ser una demanda o una regla establecida como prueba de amor.

Ya nos dimos cuenta de que el compromiso se establece desde dentro y por voluntad, no por obligación, presión o no queda de otra. La libertad consiste en saber que puedes hacer cualquier cosa y entonces decidir qué quieres hacer y qué no. Cuando una persona dice "yo nunca podría traicionar a mi pareja", se coloca en una posición muy comprometida. Si algún día, por cualquier circunstancia, se viera tentada u orillada a hacerlo, echaría mano de sus convicciones, incluso quizá de su fuerza de voluntad. Ambas cosas representan un costo de energía para contrarrestar el impulso si es fuerte. Lo mejor sería pensar: "Todo mundo es capaz de traicionar a otra persona, incluso a una pareja. Yo también soy capaz de hacerlo, pero sabiendo esto, reconociendo la vulnerabilidad de mi condición humana, decido no hacerlo." Entonces pasa de ser una prohibición a una decisión consciente; es la libertad y tiene mucho más mérito que hacer, o no, por directrices que nos fueron inculcadas por los padres o la sociedad.

Debemos imaginarnos capaces de cualquier cosa y decidir. ¿Te consideras incapaz de mentir? Supongo que no. A pesar de esa capacidad, muchas veces decides no hacerlo, ¿me explico? A veces sí, pero ahí reside el poder de tu libertad. Tú decides y aceptas las consecuencias de esas decisiones.

¿No es mejor saber que tu pareja está contigo porque, teniendo la libertad de irse, decide no hacerlo? Bien podríamos atrevernos a dejar "la jaula abierta". Ofrecer al otro irse cuando lo desee sin mayores preguntas, sin mayores objeciones y sin obstaculizar su partida. Si decidiera cruzar esa puerta, significaría que hace mucho ya no estaba dentro.

Fluir en su relación

Me parece que quedó claro que no es lo mismo el amor (que es un impulso neuroquímico) que la relación de pareja (que es una construcción más bien social). Por eso, para enamorarse no se requiere mayor esfuerzo y para convivir con alguien, sí. Hay un estado de equilibrio que las parejas que se reportan más felices alcanzan y mantienen estable por el tiempo que dura su relación y que, bajo este esquema, suele ser largo Llamémosle el "fluir".

Fluir no involucra pasividad, como cuando nos subimos a una lancha y dejamos que las corrientes nos lleven quién sabe a dónde. No. Es un estado donde se nos presenta un reto que llamaremos "la relación de pareja" y lo afrontamos con nuestras habilidades, conocimiento, acciones y actitudes; es decir, sí hay un esfuerzo. Uno no fluye si no hay energía invertida en ello, pero es una energía sin presiones. Lo que se invierte no es superior a lo que se obtiene, es el secreto de la "Alta satisfacción" que tanto he citado. Obtengo más de lo que invierto y no porque invierta poco, al contrario, sino porque invirtiendo lo que tengo se me multiplica en satisfacciones.

Fluir involucra atención, persistencia y creatividad para encontrar soluciones útiles. El fluir no demanda perfección, sacrificios ni renuncias. Veamos el siguiente esquema para comprender mejor a qué me refiero:

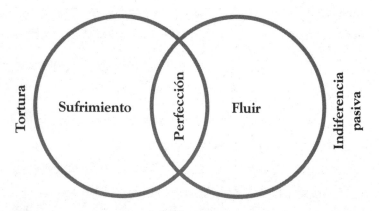

Fluir se convierte en la inversión de la energía necesaria para obtener una relación que a ambos haga felices, donde nos entendamos y alcancemos acuerdos sin mayores sufrimientos o sin que la relación represente una tortura; tampoco indica que la dejemos morir secándose al sol como si nada pudiéramos hacer para evitarlo.

¿Cómo están y para dónde van?

Entramos en la recta final de este libro. Pero no pretendo que sea el último tramo de su viaje. Apenas una primera parada para revisar y seguir adelante, aunque para algunos quizá sea motivo de reflexión.

¿Qué tan sano es hacer una evaluación periódica de su relación? En las últimas páginas de mi libro anterior recomiendo justamente evaluar su relación. No pasaba de ser una sugerencia desde la experiencia profesional sobre algo que creo muy importante hacer de manera regular. Parte del párrafo dice:

> *Cuando se dejan las cosas a la fuerza del tiempo... cuando uno mira ya todo ha cambiado. Es muy conveniente establecer ciertos marcadores periódicos para reunirse como pareja a evaluar la relación. No tiene que estar pasando algo grave o no tiene que estar sucediendo algo inusual; sería una conversación programada con una fecha preestablecida y acordada por ambos...*

Si me lo preguntaran yo diría que una evaluación trimestral, semestral o de menos anual, sería maravillosa.

Tengamos en cuenta que aquel libro se publicó en mayo de 2014. Pues bien, hoy la ciencia nos ofrece la confirmación de lo útil que es esta estrategia. Un estudio realizado por el doctor James Cordova, director del Center for Couples and Family Research at Clark University, en Estados Unidos, publicado en septiembre de ese mismo año en el *Journal of*

Consulting and Clinical Psychology, sugiere que hacer una especie de "Check up" a la relación de pareja a intervalos regulares es muy sano.

En una entrevista para el *Wall Street Journal,* el doctor Cordova afirma que uno de los principales beneficios es que las parejas reconocen rápidamente los problemas y aplican remedios efectivos antes de que se hagan grandes o muy complicados de resolver. Los efectos son notables: se pidió a 216 parejas hacer el chequeo de manera semestral a unos, y a otros no hacer nada; quienes tuvieron sesiones mostraron incrementos significativos en los niveles de satisfacción, intimidad y sentimientos de aceptación hacia su pareja. Hubo también un descenso en los síntomas depresivos en comparación con las parejas que no hicieron estos chequeos.

Pero hay una advertencia. El doctor Cordova dice que él no recomienda estos chequeos por su cuenta a parejas que ya tienen una crisis importante. Para ellos, lo mejor es buscar primero ayuda profesional. ¿Por qué?: si las cosas ya están tan mal, tales sesiones podrían convertirse en verdaderos campos de batalla donde la metralla de las acusaciones y los cañonazos del desprecio acabarían por hundir a toda la flota inglesa.

Un Check up útil

La idea es hacer esto al menos de manera semestral, evitando las "lecciones", los "deberías", las críticas personales o tratar a la pareja como si fuera un mal empleado. La clave fundamental es escuchar sin defenderse. Tratarse con justicia y respeto es imprescindible para que la sesión sea exitosa.

El doctor Cordova dice que deben comenzar diciendo las fortalezas observadas en cada uno y en su relación, Un recuento de lo que ha mejorado desde la última revisión o lo que consideran es lo mejor si nunca lo han hecho. Después, hablen de sus reclamos o inquietudes, limitándose a una o dos por sesión. No se trata de resolver de inmediato lo que surja, sino de escuchar, entender y proponer opciones y acuerdos que poner en práctica.

Si esto mejora su relación, estupendo. Si en las sesiones sienten que no van a ninguna parte, o incluso empeoran las cosas, lo mejor será suspenderlas y buscar ayuda profesional cuanto antes. Luego, con la supervisión de su terapeuta, podrían retomarlas. Muchas parejas que atiendo en terapia regresan un par de veces al año para hacer el chequeo en un ambiente neutral, por ejemplo, mi oficina.

¿Qué vimos en este capítulo?

- Amar a tu pareja es un pilar muy importante dentro de una relación, pero la admiración es otro de los componentes profundos del amor.

- Expresar admiración hacia tu pareja por las cualidades que te resultan admirables es una buena manera de fomentar la reciprocidad y mantener a toda vela el barco del amor.

- Busquen conservar su individualidad sin que ello represente excluir a la pareja de su vida. La libertad es un bien muy preciado para toda persona sana, pero el rechazo causa heridas irreparables.

- Traten de que su relación fluya con suavidad. Que el estar juntos y convivir no sea un tormento ni algo que se deje a la deriva y flote sin mucho rumbo. Su relación debe ser un océano de gozo, no el mar de las tempestades.

- Hacer un Check up a su relación, al menos cada seis meses, es algo que ha probado efectos muy positivos en parejas sanas. Para las sumidas en crisis serias, lo mejor es la ayuda terapéutica especializada.

Lo que más admiro

Cada uno escriba por separado lo siguiente:

En este momento de nuestra relación te admiro por:

1. _____
2. _____
3. _____

Creo que en este momento de nuestra relación tú me admiras por:

1. _____
2. _____
3. _____

Comparen sus respuestas. Es probable que en algunas no concuerden y eso está bien. Lo interesante es saber qué admira más el uno del otro. Por ejemplo, si tu pareja admira tres cosas diferentes a las que creías que escogería, al decirle tus respuestas sabrá que hay otras cualidades que tú consideras admirables y quizá no había notado.

Epílogo

Se escoge sólo una vez.
Elegimos ser guerreros o ser hombres corrientes.
No existe una segunda oportunidad.
No sobre esta tierra.
El segundo anillo del poder
Carlos Castaneda

Para muchos no resultará complicado identificarse con muchos de los ejemplos y situaciones planteados en estas páginas. Para otros, algo de lo aquí visto puede resultarles increíble. La verdad es que hay situaciones más dramáticas que las planteadas y otras parecen sacadas de la mejor de las novelas románticas. Esto nos hace ver que, por más libros escritos, incontables estudios y elaboradas teorías, las relaciones de pareja son algo dinámico, y al estar compuestas por dos personas resultan mucho más que la suma de sus partes.

Necesitamos invertir energía en ellas, no sólo para comprenderlas, sino para mantenerlas a flote y navegando. Estar atentos al timón para no perder el rumbo y cuidando que los obstáculos no arruinen lo que pudo ser la travesía de nuestra vida. Sé que muchos leerán este libro, algunos ni se enterarán de su existencia y otros, teniéndolo en sus manos, sentirán que no es lo que necesitan y lo dejen sobre una mesa o dentro de un cajón. Para los primeros estoy seguro de que mucho habrá; al menos, saber que no están tan mal o reconocer que urge ayuda; lo importante es hacer algo a partir de lo descubierto y estar mejor juntos. Los segundos, pues encontrarán sus propios medios o métodos más convenientes si se presentan problemas en su relación. Pero para los últimos, a quienes quizá alguien que los ama les ofreció este libro con el deseo de que todo se arregle, pero rechazaron este método de ayuda, no tengo nada que decirles, porque no me están leyendo. Así que me dirijo a ti, que compraste este libro pensando que a través de él tu relación podía mejorar o incluso salvarse del naufragio. A ti te digo que haces lo correcto, que intentas lo posible, pero es hora de tomar decisiones cuando te ha cerrado las puertas quien se supone debería navegar a tu lado. ¿Qué más has intentado? ¿Qué de eso tu pareja quiere intentar? ¿Cuánto vas a esperar? ¿Qué vas a esperar? Busca ayuda para ti desde el "egoísmo inteligente" que nos dice: "Que yo esté bien para que todo esté bien." Y, por extraño que parezca, a veces la decisión más evitada suele ser el punto de partida para una buena vida.

Deseo de corazón que todos encuentren la manera de ser felices. Dar, no recibir; compartir, no atesorar, suelen ser actitudes que nos brindan más felicidad que las experiencias más increíbles de la vida. ¿Qué mejor que dar y compartir con alguien que quiere hacer lo mismo con nosotros? ¿Qué mejor que seguir en el mismo barco, si este nos lleva a mirar juntos muchos atardeceres y nos conduce por el mejor viaje posible de nuestra vida? Con la misma madera se levantan murallas o se construyen barcos. ¿Qué harán con la suya?

Bibliografía

– Acevedo, B. P., Aron, A., Fisher, H. E., & Brown, L. L. (2012). "Neural correlates of long-term intense romantic love", *Social Cognitive and Affective Neuroscience*, 7(2), 145–159.

– Amato, P. R. (2000), "The Consequences of Divorce for Adults and Children", *Journal of Marriage and Family*, 62: 1269–1287. doi: 10.1111/j.1741-3737.2000.01269.x

– Aron, A., Norman, C. C., Aron, E. N., McKenna, C., & Heyman, R. E. (2000). "Couple's shared participation in novel and arousing activities and experienced relationship quality", *Journal of Personality and Social Psychology*, 78, 273-284.

– Atwood, J. (2012). "Couples and money: the last taboo", *The American Journal of Family Therapy*, 40 (1), 1-19. 2015.

– Birditt, K. S., Brown, E., Orbuch, T. L. and McIlvane, J. M. (2010), "Marital Conflict Behaviors and Implications for Divorce Over 16 Years", *Journal of Marriage and Family*, 72: 1188–1204. doi: 10.1111/j.1741-3737.2010.00758.x

– Britt, S. L., Huston, S., & Durband, D. B. (2010). "The Deter-minants of Money Arguments between Spouses", *Journal of Financial Therapy*, 1 (1) 7. http://dx.doi.org/10.4148/jft.v1i1.253

– Cloven, D. H., & Roloff, M. E. (1993). "The chilling effect of aggressive potential on the expression of complaints in intimate relationships", *Communication Monographs*, 60, 199-219.

– Cordova, J. V., Fleming, C. J. E., Morrill, M. I., Hawrilenko, M., Sollenberger, J. W., Harp, A. G., Wachs, K. (2014). "The Marriage Checkup: A randomized controlled trial of annual relationship health checkups", *Journal of Consulting and Clinical Psychology*, 82(4), 592-604.

– DeAngelis, T.. (2005). "Stepfamily success depends on ingre-dients", *Monitor on Psychology*, 36 (11), 58. 2015, American Psychological Association.

– Finchman, F., Karney, B., Bradbury, T. & Sullivan, K. (1994). "The Role of Negative Affectivity in the Association Between Attributions and Marital Satisfaction", *Journal of Personality and Social Psychology*, 66 (2), 413-424. 2015, American Psychological Association.

– Fisher, H. (2004). *Why we love*, New York, NY: Henry Holt and Co.

– Furnham, A. (2014). *The New Psychology of Money*. Reino Unido: Routledge.

– Gottman, J. & Silver, N.. (2012). *Siete reglas de oro para vivir en pareja*. España: Penguin Random House Grupo Editorial.

– Hagemeyer, B., Schönbrodt, F. D., Neyer, F. J., Neberich, W., & Asendorpf, J. B. (2015). "When 'together' means 'too close': Agency motives and relationship functioning in coresident and living-apart-together couples", *Journal Of Personality And Social Psychology*, 109(5), 813-835. doi:10.1037/pspi0000031

– Hertenstein, M. J., Holmes, R., McCullough, M., & Keltner, D. (2009). "The communication of emotion via touch", *Emotion*, 9, 566-573.

– Hudson, N. W., & Fraley, R. C. (2015). "Volitional Personality Trait Change: Can People Choose to Change Their Personality Traits?", *Journal of Personality and Social Psychology*.

– Iso, H., Ikeda, A., Kawachi, I., Yamagishi, K., Inoue, M. & Tsugane, S.. (2009). "Living arrangement and coronary heart disease: the JPHC study", *Heart*, 95 (7), 577-583. 2015, *British Medical Journal*.

– Lawrence, E.; Rothman, A.; Cobb, R.; Rothman, M.; Bradbury, T. (2008). "Marital satisfaction across the transition to parenthood", *Journal of Family Psychology*, Vol 22(1), Feb 2008, 41-50

– Mather, M., Lighthall, N., Nga, L. & Gorlick, M. (2010). "Sex differences in how stress affects brain activity during face viewing", *Neuroreport*, 21 (14), 933-937. 2015, US National Library of Medicine.

– McNulty, J. K. (2011). "The dark side of forgiveness: The tendency to forgive predicts continued psychological and physical aggression in marriage", *Personality and Social Psychology Bulletin*, 37(6), 770-783.

– O'Leary, D., Acevedo, B., Aron, A., Huddy, L. & Mashek, D. (2012). "Is Long-Term Love More Than A Rare Phenomenon? If So, What Are Its Correlates?", *Social Psychological and Personality Science*, 3 (2), 241-249. 2015, SAGE Journals.

– Overall, N. C., Simpson, J. A., Struthers, H. (2013) "Buffering attachment-related avoidance: Softening emotional and behavioral defenses during conflict discussions", *Journal of Personality and Social Psychology*, 104, 854-871.

– Rusbult, C. E., & Agnew, C. R. (2010). "Prosocial motivation and behavior in close relationships. In M. Mikulincer & P. R. Shaver" (Eds.), *Prosocial motives, emotions, and behavior: The better angels of our nature* (pp. 327-345). Washington, DC: American Psychological Association.

– Savater, F. (1997). El *valor de educar*. Editorial Ariel, Barcelona.

– Shackelford, T. K., Schmitt, D. P., & Buss, D. M. (2005). "Universal dimensions of human mate preferences", *Personality and Individual Differences*, 39, 447-458.

– Siegert, J. & Stamp, G. (1994). "'Our first big fight' as a milestone in the development of close relationships", *Communication Monographs*, 61 (4), 345-360. 2015, Taylor & Francis.

– Tichenor, V. J.. (1999). "Status and Income as Gendered Resources: The Case of Marital Power", *Journal of Marriage and Family*, 61(3), 638–650. http://doi.org/10.2307/353566

En el mismo barco de Mario Guerra
se terminó de imprimir en febrero de 2016
en los talleres de
Litográfica Ingramex, S.A. de C.V.
Centeno 162-1, Col. Granjas Esmeralda, C.P. 09810 México, D.F.